保育・福祉を知る

●編集委員●民秋　言・小田　豊・杤尾　勲・無藤　隆・矢藤誠慈郎

新 保育ライブラリ

社会的養護Ⅰ

宮﨑正宇・大月和彦・櫻井慶一　編著

北大路書房

新版に向けて　編集委員のことば

　本シリーズは，平成29年3月に幼稚園教育要領，保育所保育指針，幼保連携型認定こども園教育・保育要領，さらに小学校学習指導要領が改訂（改定）されたことを受けて，その趣旨に合うように「新 保育ライブラリ」を書き改めたものです。また，それに伴い，幼稚園教諭，小学校教諭，保育士などの養成課程のカリキュラムも変更されているので，そのテキストとして使えるように各巻の趣旨を改めてあります。もっとも，かなり好評を得て，養成課程のテキストとして使用していただいているので，その講義などに役立っているところはできる限り保持しつつ，新たな時代の動きに合うようにしました。

　今，保育・幼児教育を囲む制度は大きく変わりつつあります。すでに子ども・子育て支援制度ができ，そこに一部の私立幼稚園を除き，すべての保育（幼児教育）施設が属するようになりました。保育料の無償化が始まり，子育て支援に役立てるだけではなく，いわば「無償教育」として幼児期の施設での教育（乳幼児期の専門的教育を「幼児教育」と呼ぶことが増えている）を位置づけ，小学校以上の教育の土台として重視するようになりました。それに伴い，要領・指針の改訂（改定）では基本的に幼稚園・保育所・幼保連携型認定こども園で共通の教育を行うこととされています。小学校との接続も強化され，しかし小学校教育の準備ではなく，幼児期に育んだ力を小学校教育に生かすという方向でカリキュラムを進めることとなっています。

　保育者の研修の拡充も進んでいます。より多くの保育者が外部での研修を受けられるようにし，さらにそれがそれぞれの保育者のキャリア形成に役立つようにするとともに，園の保育実践の改善へとつながるようにする努力と工夫が進められています。全国の自治体で幼児教育センターといったものを作って，現場の保育者の研修の支援をするやり方も増えています。まさに保育の専門家として保育者を位置づけるのみならず，常に学び，高度化していく存在として捉えるように変わってきたのです。

　そのスタートは当然ながら，養成課程にあります。大学・短大・専門学校での養成の工夫もそれぞれの教育だけではなく，組織的に進め，さらに全国団体

でもその工夫を広げていこうとしています。

　そうすると，そこで使われるテキストも指導のための工夫をすることや授業に使いやすくすること，できる限り最近の制度上，また実践上，さらに研究上の進展を反映させていかねばなりません。

　今回の本シリーズの改訂はそれをこそ目指しているのです。初歩的なところを確実に押さえながら，高度な知見へと発展させていくこと，また必ず実践現場で働くということを視野に置いてそこに案内していくことです。そして学生のみならず，現場の保育者などの研修にも使えるようにすることにも努力しています。養成課程でのテキストとして使いやすいという特徴を継承しながら，保育実践の高度化に見合う内容にするよう各巻の編集者・著者は工夫を凝らしました。

　本シリーズはそのニーズに応えるために企画され，改訂されています（新カリキュラムに対応させ，新たにシリーズに加えた巻もあります）。中心となる編集委員４名（民秋，小田，矢藤，無藤）が全体の構成や個別の巻の編集に責任を持っています。なお，今回より，矢藤誠慈郎教授（和洋女子大学）に参加していただいています。

　改めて本シリーズの特徴を述べると，次の通りです。第一に，実践と理論を結びつけていることです。実践事例を豊富に入れ込んでいます。同時に，理論的な意味づけを明確にするようにしました。第二に，養成校の授業で使いやすくしていることです。授業の補助として，必要な情報を確実に盛り込み，学生にとって学びやすい材料や説明としています。第三に，上記に説明したような国の方針や施策，また社会情勢の変化やさらに研究の新たな知見に対応させ，現場の保育に生かせるよう工夫してあります。

　実際にテキストとして授業で使い，また参考書として読まれることを願っています。ご感想・ご意見を頂戴し次の改訂に生かしていきたいと思います。

2019年12月　　　編集委員を代表して　　無藤　隆

はじめに

　2014（平成26）年の『社会的養護［新版］』刊行から6年を経て，このたび『社会的養護Ⅰ』を発刊することになった。この間，2017（平成29）年の3月に保育所保育指針，幼稚園教育要領，幼保連携型認定こども園教育・保育要領の改定があり，2018（平成30）年4月からは新たな保育士養成課程が開始されている。

　また，社会的養護をめぐる情勢も大きく変化している。国の「社会的養育の推進に向けて」（平成29年12月）によると，社会的養護の対象児童は全国約4万5千人で，ここ十数年で里親等委託児童数は約3.1倍，児童養護施設の入所児童数は微増，乳児院が約1割増となっている。なお，社会的養護の体系も，従来の「社会的養護」概念は，乳児院，児童養護施設等の「施設養護」を意味していたが，近年では，里親・小規模住居型児童養育事業（ファミリーホーム）等の「家庭（的）養護」も含め，その範囲は広がりを見せている。

　このように，社会的養護を必要とする児童の増加や児童虐待の増加等を背景に，2016（平成28）年6月，児童福祉法が全面的に改正された。原則として家庭での養育が優先されるとともに，子どもが権利の主体であると明確に理念に定められたことにより，「児童福祉法」と「子どもの権利条約」の整合性が批准後20年余にしてようやくとれたと解釈できる改正であった。

　さらに，2017（平成29）年8月には，改正児童福祉法の理念を具現化するために，国の「新たな社会的養育の在り方に関する検討会」から「新しい社会的養育ビジョン」が公表された。ビジョンでは，身近な市区町村におけるソーシャルワーク体制の構築に向けた「子ども家庭総合支援拠点」の全国展開をはじめ，児童相談所の在宅指導措置ケースが社会的養護の対象として位置づけられている。

　一方，2013（平成25）年4月に障害者総合支援法，6月に障害者差別解消法が公布され，国連の「障害者権利条約」を2014（平成26）年に批准している。

　本書では，こうした大幅な法改正やビジョン等の公表等を受けて，それらに即した内容にするため，最新の情報を加筆した。また，本書は，施設等での多

様な事例の紹介や，コラムを加えることで，少しでも実践現場が身近に感じられるよう工夫をこらしているが，その内容は必ずしも平易ではない。それは，児童福祉施設，とりわけ入所型施設のあり方が今日，社会的に大きく問われているものの，明確な結論が出ているわけではないからである。

　本書が，将来の施設のあり方についてささやかでも一石を投ずることになれば編者一同としては望外の喜びである。世界的に大流行している新型コロナウイルスの問題が一日も早く収束し，施設等で暮らす児童達が自由に外で活動できることを願っている。

令和2年5月　編者一同

もくじ

新版に向けて　編集委員のことば
はじめに

第 ❶ 章
現代社会と社会的養護

　90万人を割り込んだ出生数，7人に1人といわれる貧困児童（家庭），ますます深刻化している虐待児問題，過去最大を更新し続ける不登校やいじめ，いわゆる「気になる子」「心配な親」等々の激増，近年のわが国の子どもを取り巻く社会状況や子育て基盤は広範に悪化している。公的な子育て支援の必要性が強く求められているのである。社会的養護の問題もそうしたニーズに基づく現代の多様な家庭支援の一部であり，例外的な家庭への特別な支援ではない。

　一方，家庭での子育ての重要性や児童虐待の増加等を背景に，2016（平成28）年6月児童福祉法の総則が全面的に改正され，「家庭養育」優先の原則が示され，さらに2017（平成29）年8月には，改正児童福祉法の理念を具現化するために，「新しい社会的養育ビジョン」が公表された。今，わが国では社会的養護のあり方が大きく変わろうとしている。

1節　児童の権利と児童福祉法の改正

1──児童の基本的人権

　児童福祉（child well・being）は社会福祉の一分野であり，基本的人権の保障と自己実現を目的とした社会福祉の諸原理が適用されるものである。したがってその定義は，「すべての児童が生まれながらにして所有していると考えられる基本的人権の法的，社会的な承認」と簡単にまとめることができる。近年ではその成育基盤としての家庭の役割の重視と親子の絆の強化を目的に，子ども家庭福祉（child welfare and family services）とまとめて表現することが一般化している（本書では，児童福祉法の規定を基本にするため，「子ども家庭福祉」ではなく従来通り「児童家庭福祉」と表現しているが，同義である）。

　しかしながら，児童の所有する基本的人権には，権利主体として成人の場合と同様に生命権や自由権，生存権などの市民的権利が含まれなければならないのは当然であるが，人格の形成期にあるという児童の特性から，それ以外の児童だけの固有の権利もまた認められなければならないものである。具体的な児童の固有の権利としては，大きくは次の2点のものがある。

　その第一は，「成長・発達の権利」とされるものである。可塑性に富む児童に，生育に適切な安心・安全な環境が与えられその学ぶ権利が保障されることは，その後に続く長い人生の「生きる力」の育成に不可欠なものであるだけに当然のことである。

　第二には，安定した「成長・発達」の基盤を形成する「家庭（的）養育を受ける権利」がある。一般に児童にとっては，少人数の家庭（的）環境での親またはそれに代わる大人とのアタッチメント（情緒的な絆，愛着）の形成は，意欲や自尊心といった人間らしい安定した性格の基礎をつくるものである。また，そこで受けた「しつけ（教育）」は，生きるうえで必要なその社会のノーマルな文化規範に適合するものである。そのために不幸にして保護者がいなかったり，不十分・不適切な児童にはそれに代わる里親や児童養護施設等での社会的養護が保障されなければならないのである。

　近年のわが国では，超少子・高齢化の進展や7人に1人といわれる貧困児童

（家庭）の増加など，子育てには厳しい社会・経済状況が広がっている。顕在化した虐待や家庭崩壊，社会的養護等の問題は特別な家庭の例外的なことではなく，密室育児や地域から孤立した子育てなどを余儀なくされている家庭が全国的に広がっていることの氷山の一角と考えることが妥当である。

　少子化が加速度的に進み，地域での自然な集団による子どもたちの育ち合いの機会が減少していることや，育児不安や育児困難（経済的，技術的，精神的）を訴える保護者が増加している今日，児童の健全育成のためには，子育てを家庭の責任だけに任せるのではなく，公的な子育て支援を地域で幅広く行なうこと（地域家庭子育て支援）の必要性が強く求められるのである。現代社会での社会的養護の問題もそうしたニーズに基づく深刻で多様な家庭・子育て支援の一部と考えることが必要である。

2——「子どもの権利」の国際的発展と児童福祉法の改正

(1)　子どもの権利の国際的発展

　児童の人間らしく生きる権利，その養育の公的責任を考えていくことの法的な枠組みは，今日のわが国では，児童福祉法をはじめとして数多くの児童に関する法律で規定されている。しかし，こうした基本理念の確立には国内法だけではなく，その上位概念である国際条約等の発展に依拠した部分も多いものである。

　そうした児童の権利に関する国際的な枠組みは，1924年の国際連盟による「ジュネーブ宣言」が最初のものとされている。第一次世界大戦中に多くの戦争孤児や障がいを負った子どもたちに対して，国際連盟は大戦後，反省の気持ちを込めて全文5か条のその宣言において，「児童が身体上ならびに精神上正当な発達を遂げる」ことや「児童は危難に際して最先に救済されなければならない」などとしたのである。

　その後，児童の権利は第二次世界大戦を経て，1948年の「世界人権宣言」，1959年の「児童権利宣言」，1989年の国際連合での「児童の権利に関する条約」（以下，本章では一般的な呼称の「子どもの権利条約」と表記する）等々によって広く国際的に承認され今日にいたっている。

　わが国も1994（平成6）年になってようやく批准した「子どもの権利条約」

には，社会的養護の問題に関連して2つの今日的な大きな意義が認められる。その第一は，児童をたんに保護者の庇護（保護）対象としてのみとらえるのではなく，児童の「最善の利益」の考慮を前提にして，権利主体者としての児童自身による「自己決定権」の可能な限りの尊重を求めている点である。また，第二には，児童の第一義的な育成責任は父母にあるとしながらも，その養育を可能な限り保障するために父母への経済的援助も含めた公的な支援を強く求めている点である。

　児童を1人の権利主体として認めたとしても，言うまでもなく，子どもは自分の親や生まれてくる国を選べない存在であり，児童の権利の保障とは一般にはその保護者の経済力，生活する国や社会のあり方に大きく左右されるものだからである。

　児童の「家庭（的）養育を受ける権利」の保障は「子どもの権利条約」でも重視されており，それについてふれている条文は多く，おもなものでも以下のようなものがある。

　　第5条　親の指導の尊重
　　第9条　親からの分離禁止と分離のための手続き
　　第10条　家族再会のための出入国
　　第18条　親の第一次的養育責任と国の援助
　　第19条　親による虐待・放任・搾取からの保護
　　第20条　家庭的環境を奪われた子どもの養護
　　第21条　養子縁組
　　第25条　施設等に措置された子どもの定期的審査
　　第27条　生活水準への権利

　これらの条文は，従来のわが国に多くみられた子どもに対する親権の一方的な優位や，親による育成責任を強調するものではない。具体的にはこれらの条文を通じて，各国政府には親による養育責任が果たせるようにその養育基盤を整備する役割が強く期待され，さらに親が一時的または恒久的に養育責任を果たせない家庭に対しては，国に第二次的な養育責任を求め，里親や養子縁組または子どもに適切な質の確保された施設養護などの方法をとることを求めているのである。

(2)　児童福祉法の改正と親権の問題

　わが国では前述したように1994（平成6）年に子どもの権利条約を批准したが，その後20年余を経た2016（平成28）年になって，ようやく子どもの権利条約との整合性を担保するために児童福祉法の「総則」等が全面的に改定された。

　その第1条では，「全て児童は，児童の権利に関する条約の精神にのっとり，適切に養育されること，その生活を保障されること，愛され，保護されること，その心身の健やかな成長及び発達並びにその自立が図られることその他の福祉を等しく保障される権利を有する」とされ，「児童の権利に関する条約」という文言が書き込まれた。

　またその第2条2項においては，「児童の保護者は，児童を心身ともに健やかに育成することについて第一義的責任を負う」とされ，虐待等の増加が大きな社会問題化しているわが国の現状への法的対処として，あえて親による育成責任を明示したのである。

　さらに第3条の2では，「国及び地方公共団体は…児童を家庭において養育することが困難でありまたは適当でない場合にあっては児童が家庭における養育環境と同様の養育環境において継続的に養育されるよう，児童を家庭及び当該養育環境において養育することが適当でない場合にあっては児童ができる限り良好な家庭的環境において養育されるよう，必要な措置を講じなければならない」とされたのである。この改定の意味は，家庭（的）養育をわが国の児童養護の第一原則としたもので，長らく児童養護施設等などでの大規模なケアを常態と考え対処してきた福祉関係者には大きな衝撃を与えるものであった。

　児童福祉法の改正がここまで遅れた背景には，わが国の特徴として「親権」がきわめて強いことがあった。親権は「民法」の第4章に定められているもので，親が未成年の子どもにもつ権利と義務の総称であり，具体的には民法818条〜837条に規定されている児童の身上監護権，教育権，居所指定権，懲戒権，財産管理権，親権喪失などがそのおもな内容である。親子の「血のつながり」を重視する風土と相まって，わが国では親権が伝統的にきわめて強かったのである。そのため，児童の養育が家庭の責任だけではどうしてもできない場合，その児童への対処は血のつながらない他人（里親等）に委ねるのではなく，児童養護施設などで対処することが一般的と長らく考えられてきたのである。そ

の結果，先進諸外国にみられるような里親養育などの発展は遅れてきたのである（本書 2 章参照）。

　児童福祉法改正とその趣旨の具現化をねらいとしたものが，後述する2017（平成29）年 8 月に国から出された「家庭養育」を原則とした「新しい社会的養育ビジョン」である（本書第 2 章・第 8 章参照）。社会的養護は今，戦後最大の大きな曲がり角に立っている。

 節. 社会的養護の体系と虐待問題

1──家庭（的）養護と社会的養護

(1)　児童の養育（子育て）形態と社会的養護の概念

　一般に児童の養育（子育て）形態は図 1-1 のように，家庭での養育と社会的養護とに大別できる。社会的養護は，通常は家庭での養育に対比される意味で，児童相談所などの公的な機関により措置（委託）された児童に対して施設等で行なわれる教育や生活支援，自立支援のことと考えられている。

　具体的には，①保護者がいないために家庭で養育できない児童や虐待などのために家庭で監護・養育することが不適当な児童，②心身に障がいがあり家庭ではケアできない児童，③非行，ひきこもり等の行動や情緒面の課題を抱えた児童といった区分に基づく施設等での対応である（詳細は本書第 4 章参照）。

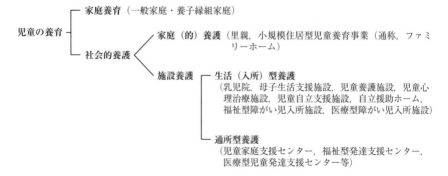

図 1-1　養育（子育て）形態と社会的養護の体系（厚生労働省，2019b，p.13より作成）

社会的養護は，こうした施設群で行なわれているケアワークとソーシャルワークを合わせた体系的な成長・発達支援や自立支援の体系と広く考えられてきたのである。

　社会的養護の体系を詳細にみると，図1-1のように家庭（的）養護と施設養護に分けることができ，そのなかの施設養護はさらに生活（入所）型と通所型に区分することが可能なものである。しかも今日では，必ずしも児童養護施設や乳児院のように24時間そこで生活している生活（入所）型施設だけではなく，通所の児童家庭支援センターやさらには里親等による家庭（的）養護も含めて広く考えられている（本書では表1-1のように，厚生労働省の一般的な体系分類に従い里親やファミリーホーム等のような家庭（的）養護と，児童養護施設等の施設養護の生活（入所）型施設をそのおもな対象範囲とした）。

(2)　社会的養護の現状と家庭（的）養護の伸長

　社会的養護の歴史は古く，わが国では古代からそうした機能を有する施設が宗教家等によりつくられていた。近代の明治時代以降にも大規模な施設が石井十次らにより建設，運営されていた。戦後もおもに戦災孤児を収容・保護する施設として全国各地に建設され，その後も虐待問題の増加など地域の今日的な課題に対処しながら現在にいたっているものである（本書第2章参照）。

　2018（平成30）年3月末時点での社会的養護の措置（委託）児童数は，厚生労働省の集計では，総計で44354人である。その内訳をみると表1-1のように，家庭（的）養護が6858人（里親への委託児童数が5424人，ファミリーホームへの委託児童数が1434人），施設養護の措置（委託）児童数は，表中の乳児院以下の6種の施設合計数で37496人である。

　表にはないが，家庭（的）養護である里親・ファミリーホームへの委託児童数は，1999（平成11）年には2122人であったことが知られているので，上記の6858人はこの約20年間に3.2倍以上と急増したことを表している。ちなみに家庭（的）養護のこの6858人の数値割合を，施設措置（委託）児童数の合計37496人に対して求めるならば18.3％の割合となる。また，表中の児童養護系施設の典型である乳児院と児童養護施設だけの合計27988人に対しては24.5％となる。つまり今日のわが国では，狭義の要養護児童のほぼ4人に1人はすでに施設ではなく，家庭（的）養護の環境下で生活をしているということになる。

表1-1　社会的養護の現状（厚生労働省，2019b，p.3より作成）

家庭（的）養護		
里親	ファミリーホーム	
登録里親数　　11730世帯	ホーム数　　347か所	
委託里親数　　4245世帯		
委託児童数　　5424人	委託児童数　1434人（平均4.1人）	

施設養護						
施設	乳児院	児童養護施設	児童心理治療施設	児童自立支援施設	母子生活支援施設	自立援助ホーム
施設数	140か所	605か所	46か所	58か所	227か所	154か所
定員	3900人	32353人	1892人	3637人	4648世帯	1012人
現員	2706人	25282人	1280人	1309人	3789世帯（児童数6346人）	573人

資料：厚生労働省「福祉行政報告例」2018（平成30）年3月末
注）児童養護施設には，表のほかに小規模グループケアが1341か所，地域小規模児童養護施設が354か所ある。

　このように近年，家庭（的）養護が急増している背景には，2009（平成21）年の国連で出された「児童の代替的養護に関する指針」（ガイドライン）や虐待事件の増加などを受けて，厚生労働省により「家庭的養護推進計画」が2011（平成23）年に策定され，2015年からの15年計画で推進されてきたことがある（本書第2章・第8章参照）。

　「家庭養育」優先の原則は，2020（令和2）年からの児童福祉法や児童虐待防止法の改正，さらに「新しい社会的養育ビジョン」に基づく都道府県計画の進捗等により今後もさらに大きく進展していくものと思われる。

2──虐待の増加とその背景

　「家庭養育」優先の流れは，近年の児童虐待事件の動向と切り離せないものである。児童相談所での児童虐待に関する相談件数は，この間の急激な少子化の進展にもかかわらず，図1-2のように近年は毎年，対前年比で10％以上も増加し，2018（平成30）年度には16万件近くに達している。

　こうした児童相談所への虐待相談通報件数の急増は，近年全国各地で深刻で悲惨な虐待事件が相次ぎ，それがマスコミ等で大きく報道され一般国民からの

通報が広がったこと，面前
DV（子どものいる前で母
が父に殴られるなど）が子
どもへの心理的虐待である
という認識が広がり，それ
に関連して警察からの通報
が激増していること等の影
響が大きいが，先にも述べ
たように，その隠れた背景
には全国的な「子ども食
堂」の広がりに象徴される

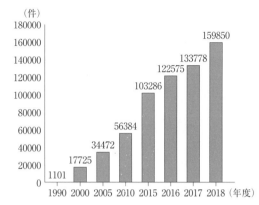

図1-2　児童相談所での児童虐待相談対応件数推移（厚生労働省，2019a）

ように，生活困難や育児不安，育児困難などの課題を抱え，孤立している家庭
が増えているなどの社会的リスクが高まっていることがある。

　さらに，増加背景の一因を深く考えるために，ある県での虐待事例をみてお
きたい。この事例は，2018年度にA県の福祉部が作成した検証報告書を，関係
者ができるだけ特定できないように筆者の責任で要約したものである。

事例　A県の1歳男児虐待事件（検証報告書から）

<u>1．事件の概要</u>

　A県○○市で，2017年10月，父親から「子どもが冷たくなっている」という
119番通報があり，本児（1歳男児，2016年10月生まれ，三男）が病院に緊急
搬送された。その後病院で脱水を伴う栄養不良による死亡と確認された。

　事件の翌年，2018年5月に父母は保護責任者遺棄致死容疑でA県警察に逮捕
され，同年12月には同県の地方裁判所で父母ともに懲役6年の判決が言い渡さ
れた（確定）。

<u>2．支援を要するとみなされる心配な家族状況</u>

　本児の母は当該児童を若年出産しているが，本児以外に年齢の近い上の2人
の兄弟の世話にも追われていた。出産後，母親から「次男はかわいくない」と
いう発言を保健師が聞き，市は「要保護児童対策協議会」のケースとして次男
を登録していた。また市からの訪問時には母から経済的問題について相談を受
けていた。また，次男出生後，保育所入所の相談がなされたが，母親の就労要
件などの不足があり，入所できなかった。

　その後の調べで，本児は出生後の1か月検診では異常は見受けられなかった
が，その後は予防接種も受けておらず，死亡にいたるまで一度も検診や医療機
関の受診記録はなかった。また，市の保健師が2回にわたり家庭訪問をしても，

母親や長男，次男には会えたが，本児には昼寝中と言われ目視できなかった。市の担当者も3回の家庭訪問をしているが，本児には会うことができずにいた。
3．県の検証委員会の反省・課題認識，提言等
　「情報がない，不明である，会えない」ことなどに対して，危機感をもつ必要性があるにもかかわらずそれがなされなかった。保護者の意向と対立しても，躊躇なく安全確認をしなければならない状況では医療機関の協力も仰ぐ必要がある。また，ケース評価では保護者の成育歴，養育能力，世帯の経済状況など関連する機関が有する情報を統合・整理し，家族の構造的な理解につなげる必要がある。
　乳幼児健診等の記録がなく，リスクが感じられることに対して，（大丈夫だろうという）主観的，希望的な思い込みが不幸な虐待につながった。つまりこの事件では，リスク評価が適切でなかったということになる。
　介入支援が必要と考えられるケースでは，要保護児童対策協議会だけではなく，個別のケース検討会議などを早めに開催し，関係機関とより緊密な情報共有を図り，保護者のニーズが必ずしもなくとも民生委員・主任児童委員，保育士や教職員などの地域の力を活用した支援につなげることなどが必要である。
（平成30年度A県「児童虐待重大事例検証報告書」を筆者が要約作成）

　検証報告は，新聞・テレビなどのマスコミ資料や，虐待した保護者が起訴されてからの裁判所の公判資料等とは異なり，児童相談所の立場もふまえ，虐待をくり返させないという反省を込めて客観的に記述されているものが多い。しかも関係者だけでなく，学生でも誰でも県のホームページにアクセスすれば読むことができ，その内容は児童虐待（児童家庭福祉）の問題を考えるうえで貴重な資料になる。

　このA県の虐待事例は，若年出産や貧困，孤立した子育て，児童相談所や保健所等の関係機関の連携不足，甘いリスク評価などが問題となっており，前述した近年の全国の重大事例とも共通した構造がうかがわれる。

3──虐待予防と体罰禁止の法改正

　児童虐待件数の増加に対し，児童虐待そのものをなくすことやできるだけ件数を減らすことが，家庭（的）養護の促進とならべて何よりも肝要であることは言うまでもないことである。そのために，2019（平成31）年5月末に児童福祉法や児童虐待防止法が改正され「体罰禁止」が盛り込まれ，さらに2020（平成30）年4月からは体罰の具体例が示される形でその禁止が周知されることになった。

◎こんなことをしてしまっていませんか
　・口で3回注意したけど言うことを聞かないので，頬をたたいた
　・たいせつなものにいたずらしたので，長時間正座をさせた
　・友だちを殴ってケガをさせたので，同じように子どもを殴った
　・他人のものを盗んだので，罰としてお尻をたたいた
　・宿題をしなかったので，夕ご飯を与えなかった
→これらはすべて体罰です。

図1-3　体罰の一例（厚生労働省，2019c，p.6）

　そうした背景には，「しつけ」と称して「体罰＝虐待」が多くの家庭で行なわれており，体罰と虐待のちがいがわからない保護者も多いとされるわが国の実態がある。法改正に向けて，体罰禁止の具体化のために厚生労働省に設けられた「体罰等によらない子育ての推進に関する検討会」（厚生労働省，2019c）では体罰として図1-3のような一例を示している。

　家庭内での虐待禁止を世界で最初に法律で罰則も含め明文化したのは1979年のスウェーデンとされているが，それが一般家庭でほぼ完全に守られるようになるまでには30年以上かかっている。わが国の2019（令和元）年5月に改正された児童福祉法や児童虐待防止法は，刑罰規定を含めた全体的な検討がまだ必要な段階であるが，こうした規定があるだけでも心理的には大きな虐待抑止効果を上げることが期待される。わが国でもできるだけ短期間に効果が上がるように，今後は関係者や保護者への啓蒙活動，保護者への具体的な虐待防止の予防トレーニングなどが進むことが期待されている。

3節　社会的養護の今後の課題

1──里親制度と特別養子縁組制度

　2016年の児童福祉法の改正およびその後の2017年8月の「新しい社会的養育ビジョン」により，「家庭養育」優先の理念が明確化されたことは先にふれた通りである。具体的には実親による養育が困難であると判断されれば，原則として里親や特別養子縁組等による永続的解決（パーマネンシー）を図ることが推奨されることになったのである。

　ところで，児童福祉法による福祉制度である里親の名称は国民に広く知られ

ているが，わが国では家庭（的）養育という意味ではその機能に類似したものとして長い間行なわれてきたものに養子縁組制度がある。わが国における養子縁組制度は，江戸時代や明治時代以後の「イエ」制度の維持のために独自の発展をしてきたものであるが，子どもの立場からは必ずしも好ましいものばかりではなかった。そのため1988（昭和63）年には「イエ」制度の維持を目的としない特別養子縁組制度（完全養子制度・秘密養子制度とよぶ場合もある）が制定・実施されることになったのである。

その成立背景には，当時，産院の一部などでひそかに行なわれていたといわれる「望まない妊娠などでできた赤ちゃん」を，出生登録される前に，子どもができない夫婦で子どもを欲しがる夫婦に「実子」として斡旋する事件が表面化するということがあった。当時はかなり広くひそかにこうした闇斡旋が医療機関で行なわれていたようであるが，詳細は今日でも不明である。特別養子制度はそうした不法な闇斡旋を防止する目的で民法817条を改正・施行したものである。

里親制度と養子縁組制度の最も大きな相違点は法的なものである。養子縁組制度は民法に基づき，市町村への戸籍届出により，他人との間で法律上の親子関係をつくるものである。ただし未成年の場合には家庭裁判所の許可が必要で，さらに養子が15歳未満の場合には法定代理人（親や後見人）によりその代諾がなされるものとされている。養子縁組が成立すれば，親としての権利および義務は養親に移され，養子からみたときには養親の扶養や相続などで実子と区別されることはなくなる。

一方，里親制度は児童福祉法第6条4に基づく子どものための福祉的措置である。里親の種類では，現在は養育里親，専門里親，養子縁組里親，親族里親の4種のものが規定されている（本書第5章・第8章参照）。里親とそれに養育される児童（里子）との間には法律的な親子関係はまったくないが，児童相談所を介して公的に委託された児童であるがゆえに，「親族里親」を除いては，里親手当や学用品費，生活費などが規定に基づき毎月支給されている。

次に，養子縁組制度のなかの普通養子縁組制度と特別養子縁組制度のおもなちがいは，下記の通りである。

①特別養子縁組制度は家庭裁判所の決定により成立するものであり，普通養子縁組制度は養親と養子の同意だけで成立するものである

②普通養子縁組制度では実父母との親族関係は終了しないが，特別養子縁組制度では実父母との親族関係が終了する

③戸籍上の表記も普通養子縁組制度の養子では続柄欄には養子（養女）と記載されるが，特別養子縁組制度では続柄欄には長男，長女というように表記される

④特別養子縁組制度では，養子になれる年齢はこれまでは（疑似親子関係がつくりやすいと考えられる）6歳未満などに原則として限定されていたこと（現在，15歳までの延長が検討されている）

⑤特別養子縁組制度では，養親には縁組以前に6か月の監護経験が必要

⑥特別養子縁組制度では，養親からの離縁は原則として認められない

　つまり特別養子縁組制度は，児童の立場からみるならば普通養子縁組制度にはない，より永続的（パーマネンシー）で安定した温かい親子関係を形成・維持するために工夫された制度といえよう。

　こうした制度を促進するため，2016年の児童福祉法改正では，養子縁組相談支援を都道府県の業務に位置づけ，児童相談所では養育希望者の登録，養親としての適格性の判断を行ない，さらには養子縁組後の継続的な養親・子について一定の把握を求めるようにされたのである。法改正の背景には，虐待問題だけではなく，近年国際結婚が年間4万件を超え，離婚等のために起こる子どもの連れ去りを防止するための「ハーグ条約」の批准・発効が2014（平成26）年4月から行なわれたことや，それ以前から問題点が指摘されていた「国際養子縁組」の不透明性に関しても対処する側面もあった。

　家庭裁判所が把握している，近年における里親委託児童数および未成年者の普通養子縁組数，特別養子縁組数等の推移は，表1-2の通りである。表からは，普通養子縁組数は1965年頃には年間16000件以上あったものが急減したこと，認定および登録里親数や委託児童数がここ数年顕著な増加傾向にあること，並行して特別養子もかなり増加していることなどが読み取れる。

　しかし，「新しい社会的養育ビジョン」でおおむね年間1000人が目標とされている特別養子縁組制度の推進であるが，都道府県や児童相談所による格差も大きく，表1-2のように2017年にはまだ7割程度の720人である。今後どこまで拡大していくのか，児童の立場に立った養親等の確保が今後も本当にできる

表1-2　里親数，委託児童数，普通養子縁組受付件数，特別養子縁組数等推移（愛育研究所，2019，p.207より作成）

区分	認定および登録里親数	児童が委託されている里親数	里親に委託されている児童数	普通養子縁組受付件数（未成年者分）	特別養子縁組の成立およびその離縁に関する処分
1965（昭和40）年	18230	6090	6909	16157	
1985（昭和60）年	8659	2627	3322	3244	1988年制度開始
1990（平成2）年	8046	2312	2876	2114	999
2000（平成12）年	7403	1699	2157	1483	431
2010（平成22）年	7504	2922	3816	1239	426
2015（平成27）年	10679	3817	4973	1051	621
2017（平成29）年	11730	4245	5424	907	720

資料：厚生労働省「福祉行政報告例」，最高裁判所事務総局「司法統計年報：家事編」

のか，その動向が注視される。その意味では，本章コラムにあるような愛知県方式が注目される。

2──児童養護施設等のあり方

　「新しい社会的養育ビジョン」では，3歳未満児ではおおむね2017年から5年以内に75％以上，3歳以上就学前では同7年以内に75％以上，学童期以後では同10年以内に50％という里親委託率の具体的な目標数値が掲げられている。（本書第2章参照）。ちなみにこれらの数値を，厚生労働省「児童養護施設入所児童等調査結果」（平成25年2月1日）の年齢別利用人数を参考に計算するならば，乳児院と児童養護施設を合わせた措置（委託）児童では，3歳未満児（0～2歳）では3174人の半数1587人，3歳以上就学前（3～6歳）では同様に5617人の75％の4212人，学童期以後では仮に15歳までとしても18712人のうち9356人が対象となり，合計では15155人が里親委託の目標数となることを意味している。粗い計算ではあるが，この目標数値は現状の乳児院と児童養護施設の利用児童総数約28000人に対しては，その半数強の児童を今後5年～10年間に里親に移動させたいという意味になる。その結果，現在の措置児童数を前提にすれば，わが国の里親への委託率は現行（2018年3月末）の約24％（本章2節1（2）参照）から倍以上の50％を超える可能性を意味している。
　一方で，「新しい社会的養育ビジョン」は，今後の社会的養護のあり方に関

しては，「虐待された子どもや障害のある子どもに対するアセスメントや緊急一時保護などが考えられる」（厚生労働省，2017，p.35-36）とし，その役割をかなり限定的なものにしている。

また施設養育のあり方では，少人数（必要に応じ1対1関係）をベースに，「子どもたちの呈する複雑な行動上の問題や精神的，心理的問題の解消や軽減を意図しつつ生活支援を行なうという治療的養育を基本とすべきである」とし，さらに家族との関係性の改善では，「不適切な養育に至った経過や力動を親自身が自覚し，その問題点に関して子どもに謝罪するなど，子どもの支援のために親ができることを模索するという観点が必要である」ともしている。

現在の児童養護施設の在籍児童には，平均して虐待を受けた子が6割以上，障がいのある子が3割近くいるという統計がある（厚生労働省，2019b，p.9；本書第6章参照）。今後さらに里親等への委託が進んだとき，施設に残されたそれらの特別な配慮が必要な児童や，自力では解決困難な多くの課題を抱えた保護者に対して，児童養護施設等では適切に対応できるのか，慢性的な職員不足を抱える現状からはかなり不安もある。今後の司法の関与など公的支援のいっそうの強化は当然であるが，地域に可能な限り開かれた，地域住民の力も大胆に借りた新しい施設づくりなどの発想の転換が求められている。

 研究課題

1. 地域にある児童相談所の虐待相談対応件数と全国の児童相談所でのその推移を比較して，その特徴や内容についての共通点や相違点について話し合ってみよう。
2. 自分の居住する都道府県の児童虐待重大事例の検証報告書を読み，児童虐待を市民の立場でどう防いだらよいのか，何か私たちにできることはないかを考えてみよう。
3. コラムの愛知県の（特別）養子縁組を前提にした新生児の里親受託にあたっての文書を読み，感想を話し合ってみよう。

推薦図書

- 『一人ぼっちの僕が市長になった』　草間吉夫　講談社
- 『「赤ちゃん縁組」で虐待死をなくす―愛知方式がつないだ命』　矢満田篤二・萬屋育子光文社新書
- 『虐待死　なぜ起きるのか，どう防ぐか』　川崎二三彦　岩波新書

Column 1

（養子縁組）里親になるということ

　里親になるには，どの都道府県であってもその自覚や責任感が強く求められる。里子自身やその実親，里親の人生がかかった（やり直しの効かない）選択であるのだから当然のことである。

そうした全国各地の試みのなかでも愛知県は，妊娠中からの切れ目のない支援による虐待や子殺しの未然防止を目的に，特別養子縁組制度ができる6年前の1982年から児童相談所が類似の機能をもつ「赤ちゃん縁組」制度を独自に実施してきたことで有名である。今日では愛知県の養子縁組里親希望者には，「赤ちゃん」だけでなく，里親制度全般への理解，子どもを家庭に迎える以前のこと，養子縁組成立までやそれ以後のこと等々に幅広い事柄の理解が求められている。

　ここでは「社会的養護」である里親制度全体を広く理解するうえでも共通して参考になると思われることを，以下，同県の里親希望者に配布され理解が求められる文書のなかから抜粋・要約して紹介しておきたい（順不同）。当然と思われることもあるが，里親，とりわけ（特別）養子縁組をしようとするには，それ相応の強い覚悟が必要なことがわかる。

1．新生児の受託を希望する場合，わが子を出産する際と同じような覚悟で待機し，赤ちゃんの性別，障害，病気等の有無で家庭引き取りを拒否しない。その子に障害があった場合には，県の専門機関や相談員の指導を受け「療育」をしながら子育てをする。

2．家庭裁判所による養子縁組成立以前に，実親から「子どもを引き取りたい」という申し出があった場合には育てた子どもを（無条件で）返す。

3．養育を開始してから，里親夫婦に実子が授かることがあった場合には，子どもどうしの年齢が近くなり，里子に成長過程でつらい思いをさせたり，里親の養育上の困難が増すことから，原則として縁組は解除される。

4．里親は里子に成長過程の適切な時期に，必ずその子の実親ではないことの「真実告知」をしなくてはならない。里親は子どもの実親の悪口などを言わない，里子が自分の実親探しをすることを拒否しない。

（愛知県福祉局児童家庭課調べ）

第 **2** 章
社会的養護の国際的発展と
わが国の特徴

　左の写真は，日本の福祉に関する歴史的な写真や図画を集大成した『写真・絵画集成　日本の福祉２』（日本図書センター刊）の表紙である。昭和30年前後の児童養護施設と思われるような一室で，炭火に手をかざして暖をとりながら学習活動をしている子どもたち。ここではひとりの職員のもとに少なくとも７人の子どもが集まっているように見える。あるいは，職員ではなく年長児であろうか――。

　家庭での養育が困難な状況にある子どもたちをめぐる社会的養護問題は，古来，いつの時代にもどこの国にもあり，それぞれの社会の貧しさや弱さを象徴してきたといえよう。それに対応する取り組みは時代の変化とともに，個人的，人道的なものから組織的，社会的なものへと発展してきた。その歴史を学ぶのが本章の目的である。

1節．わが国の施設での社会的養護の歴史と現状

1——古代の施設での社会的養護と慈善救済

(1)　聖徳太子が建てた四天王寺四箇院

　わが国の社会福祉の歴史を紐解くと，固有名詞で伝わる最初の福祉施設として「四天王寺四箇院」に出合う。

　飛鳥時代の前期に推古天皇が即位してその摂政に就任したばかりの聖徳太子（574〜622年）が，593年に今の大阪市，難波に建立したのが四天王寺で，その境内に設けられた4つの施設が四箇院とよばれ，そのうちの「悲田院」に身寄りがなく生活に困窮した人々が児童から高齢者まで保護された。混合収容という形態ではあったが，そこに孤児や捨て子も含まれていたとされることから，社会的養護の機能をもつ施設としてもわが国最古のものと考えられている。

　聖徳太子が建立した寺院としてはその14年後，607年に建てられた奈良の法隆寺（斑鳩寺）が当時のまま現存する世界最古の木造建築物として一般的に知られているが，社会福祉の歴史では，建設当初から「四箇院の制」がとられ，わが国で初めて仏教思想に基づいて，貧窮病者，孤児，孤老らを救済する慈善施設を備えたこの四天王寺がまずあげられるのである。

　後に明治時代以降になってわが国でもキリスト教思想に基づく慈善事業が活発になり，現在も教団や教会が母体となって設立された社会福祉法人による保育所・児童養護施設などの経営や学校法人による幼稚園・学校・大学などの経営が行なわれているが，仏教系の宗派や寺院が母体となって同様に社会福祉事業や教育事業が行なわれる例も多い。四天王寺四箇院はそのルーツにあたるだけでなく，1400年以上を経た現代でもその関連法人によって特別養護老人ホームや福祉系大学の経営が行なわれているという点で，壮大な系譜の嚆矢であるともいえる。

(2)　僧行基による慈善活動

　飛鳥時代から奈良時代にかけて生きた僧侶，行基（668〜749年）は，仏教の民間布教が朝廷から禁止されていた時代にあって官立の寺院を飛び出し，出身地和泉国（大阪府）を中心に近畿地方各地で，民衆への精力的な布教活動と

慈善救済活動を行なった人物である。

　長雨や日照りといった天候不順の影響を受けやすかった脆弱な農業と住環境。現代でいえば，土地改良や社会資本の整備に相当するような土木事業の必要性を地域住民に説き，法話の説法で信頼を寄せた多くの一般市民を動員して工事を指揮し，数々の橋や貯水池，堀などを建設したほか，行き倒れの人々を収容保護する「布施屋」も9か所建てたといわれている。

　そのような救護的な施設を設けなければならないほど多くの"行き倒れ"が発生していた背景には，納税と同様に朝廷から成年男子に義務づけられた労役（強制労働）や兵役に赴くための長距離移動と，布・絹・糸などを朝廷に物納するために地方から荷物を運搬する人々の往来があった。それらは過酷な旅であり，疲労と飢えで衰弱し，途中で病死したり餓死したりする者も多かったために，行基以外の仏教者や寺院によってもこうした施設が設けられたといわれているが，行基の活躍した時代は710年に藤原京から平城京への遷都が行なわれ，奈良に新たな都を造営するためにとくに大勢の民が各地から労働力として徴用されていたという事情がある。

　それによる行旅病人を救済することが布施屋の主たる役割であり，それ自体は成年男子の衰弱者，貧窮者に対応したものであったが，このように多くの成年男子が各地の村々から動員され，長い旅と里を離れての労働を強いられたばかりか，往復の途上で落命する者もめずらしくなかったということは，彼らの郷里にいてその帰りを待っていたであろう妻子や老親にも生活不安をもたらしていたことが推察され，そこに労働力を奪われた留守家族や遺族の生活苦と父を亡くした児童らの社会的養護問題も相当発生したものと考えられるのである。

　したがって，布施屋での保護はそこで終身的なケアをすることが目的ではなく，生きて郷里に帰れるだけの健康と体力を回復させ，当初の務めを果たして家族のもとに帰還させることが求められていたことになる。その意味で，間接的ながら児童の社会的養護問題の発生を予防する機能もあわせもっていたといえよう。

(3)　光明皇后と和気広虫による慈善救済

　平城遷都を成し遂げた聖武天皇の妃，光明皇后（701～760年）は，仏教慈善に熱心で，皇后になる前年の728年，奈良の興福寺に施薬院と悲田院を開設

させたほか，730年には皇后宮職に施薬院などを設けた。貧民への施与行為やらい病（ハンセン病）患者の救済にも尽くしたといわれている。信仰心が厚く，仏教思想で国を治めようという「鎮護国家」の実現を天皇とともに願っていた光明皇后は天皇の没後，その遺品を東大寺に数多く寄進したが，その品々が正倉院御物として丁重に保存され，国宝を含む貴重な文化財として今日まで伝えられていることから，文化史的にも大きな役割を果たした人物といえる。

　また，聖武天皇の次の孝謙天皇に仕えていた女官の和気広虫（730〜799年）は，弟（和気清麻呂）とともに政権の中枢にいたためか，政争に巻き込まれ一時は都から遠ざけられたこともあった人物だが，戦乱と凶作によって飢饉や疫病が広がり，各地で発生した捨て子や孤児に救済の手を差し伸べ，756年には83名の孤児を養育し，自身の養子としたといわれている。当時，そうした孤児を救済するようにという勅命が天皇から下されており，広虫はそれを実践したのである。

2──中世・近世の施設での社会的養護と慈善救済

(1)　中世の社会と児童救済

　日本史では，鎌倉時代から安土・桃山時代までの約400年間が中世とされている。武士階級が平安貴族に代わって権力闘争の末に政治の実権を握り，ほかの階級を武力で支配するようになった時代であり，前期封建社会とよばれている。武家の支配を経済的に支えたのは農民層からの年貢や労役であり，厳しい搾取のため彼らの生活は平時から貧しく，そこに天候不順や災害による不作，凶作あるいは武家どうしの対立がもたらす戦乱が起きると，たちまち生活どころか生命までが危機に瀕したのである。

　生活に窮した人々は，幼いわが子を捨てたり，間引き（分娩直後の嬰児殺し）や堕胎（妊娠中絶）を行なうなど，養育放棄に走り，時には子女を身売りして対価を得たりした。荒廃した村を離れ（離村），年貢納入の義務を放棄して都市部に職と食を求めて向かう「向都」という行動にでる者もいたが，その過程で体力の弱い婦女子や年寄りが見捨てられ，「一家離散」の状態となって孤児が発生したり，都市部までたどり着いた者のなかにも，あてがなく浮浪者や物乞いと化す者が続出したりした。

　鎌倉時代の三大慈善家とよばれる，重源（1121～1206年），叡尊（1201～
1290年），忍性（1217～1303年）は，そうした苦しい民衆の生活に近づき，仏
教慈善を実践した僧侶であり，貧者や孤児の救済活動に精力的に取り組んだと
いわれている。

　16世紀半ば，中世の末期になると，ヨーロッパからキリスト教の宣教師た
ちがインドを経由して東アジアへも布教活動のために訪れるようになる。その
なかでもポルトガル人宣教師フランシスコ・ザビエル（Francisco de Xavier,
1506～1552年）が1549年に渡来し，わが国に初めてキリスト教をもたらした
ことはよく知られているが，同様の伝道使節は男子修道会のイエズス会からた
びたび派遣されており，ザビエル来日の数年後，1550年代に訪れたルイス・ア
ルメイダ（Luis Almeida, 1525～1583年）が豊後国（大分県）で孤児院や日本
初の洋式病院を建てたことは医療・福祉の歴史上特筆される。

　アルメイダはポルトガルの外科医であったが，貿易商人としてインドを拠点
に活発な交易事業を行なうようになり，その後イエズス会に入会して布教活動
に従事するようになったユニークな経歴の持ち主である。彼は，最初商人とし
て日本にやって来たところ，上陸した九州で人々の暮らしぶりのあまりの貧し
さを目の当たりにし，医療修道士として救済活動に身を投じることになったと
もいわれている。とくに当時の豊後では飢えと貧困による嬰児殺しが横行して
いたが，生命尊重を第一とし，自殺さえも罪悪とするクリスチャンの道徳から
はこの悪習をとても座視することができず，まず育児施設の建設に取り組んだ。
豊後の領主，大友宗麟がキリシタンに理解を示し，彼の事業に協力したことも
あって，1555年，今の大分市にあたる府内に孤児収容施設を設けることがで
きた。2頭の雌牛を飼育していて，牛乳を搾り，児童らに飲ませて栄養失調を
防いだとされ，日本で子どもにミルクを飲ませて育てた最初ともいわれている。
施設はミゼルコルジアとよばれるキリスト教信徒の慈善組織によって奉仕的に
運営されたが，長続きせず1年後にこの事業は終わり，代わって貿易で蓄えた
私財を投じて医療施設の開設にとりかかった。それが，日本で初めて西洋医術
を実践する「府内病院」となったのである。内科・外科のほか，らい病患者の
専用病棟もあり，100名を超す入院患者を受け入れたという。

(2)　近世の社会と児童救済

　徳川氏によって幕藩体制が確立された江戸時代は後期封建社会とされ，近世とよばれる。たくみな大名統制によって戦乱がおさまり，農業，商工業の進歩も著しく，町人層のなかには経済力で武家を上回る台頭を示す者も現われたが，貨幣経済の発達が田畑や生産手段をもつ者ともたざる者との間に貧富の格差をもたらし，年貢の取りたては「苛斂誅求政策」とよばれるほど過酷であり，小作農や都市部貧困層の生活水準は厳しいものとなった。

　とくに農民は離村する者が出ないよう「五人組制度」で近隣住民どうしを強い連帯責任で相互監視させ，年貢の未納や逃亡，犯罪を防止したが，この制度には同時に捨て子の養育，間引きの禁止，人身売買の禁止，行旅病人の保護など，人道的な機能も含まれていた。

　江戸幕府として行なった児童救済を含む救貧政策としては，老中松平定信が「寛政の改革」の一環として1791年に制定した「七分積金制度」がある。江戸の町人から集めた町費の七分（70％）を米や銭で積み立て，幕府からの拠出金も加えて「町会所」とよばれる事務所で管理し，飢饉や災害時の貧民救済に備えたということが知られているが，この町会所には福祉機関としての役割もあり，孤児の救済や教育，母子世帯の扶助などの事業が行なわれた。

3 ── 近代の施設での社会的養護

(1)　明治・大正時代の施設での社会的養護

　明治維新によって江戸時代が終わり，新政府による近代国家建設が急ピッチで進められたが，社会・経済の変動が著しいなか，都市部に集中する賃金労働者のなかには失業して貧困層へと落層する者も多く，浮浪者が発生し，貧民窟とよばれるスラム地区も形成されるようになっていった。

　1872（明治5）年，ロシアの皇太子を翌年に国賓として迎えることになっていた政府は，首都東京の路上から浮浪者を一掃するため，彼らを1か所に集めて収容した。その施設が「東京府養育院」として，後に時代とともに主たる機能を変えながら，21世紀の今日まで福祉・医療施設として引き継がれていくこととなったが，当初の財源には前述のとおり，江戸時代に始められた七分積金制度の残金もあてられた。やがて，この養育院では貧窮病者への施療や孤

児の里親委託事業を行なうようになり，1878（明治11）年から児童の養育を施設内で行なっているが，そのなかの「幼稚室」では集団での手あそびや遊戯が行なわれたりした。施設経営への公費の支出が打ち切られた時期もあったが，実業家の渋沢栄一（1840〜1931年）の支援も受けて経営主体を東京府から東京市へと移管しながら存続し，後に「東京都養育院」という都立の福祉施設となり，2015年までは「東京都板橋ナーシングホーム」という特別養護老人ホームと「東京都健康長寿医療センター」という研究所を備えた病院として運営され，現在も同医療センターは存続している。

　明治の初頭には，キリスト教の禁令廃止と前後してクリスチャンたちの慈善活動が始まり，1872（明治5）年には「横浜慈仁堂」，1874（明治7）年には長崎に「浦上養育院」という児童救済施設がつくられたほか，明治20年代末にかけて児童施設の勃興期を迎えた。

　1887（明治20）年の石井十次による「岡山孤児院」設立，1890（明治23）年の小橋勝之助による「養護施設博愛社」の創設，1891（明治24）年の石井亮一による知的障害児施設「滝野（乃）川学園」の創設などが相次いだが，彼らはいずれもクリスチャンの民間人であった（本章コラム②参照）。

　それらより早く仏教系の児童養護施設もできており，1879（明治12）年に福田会育児院（東京），1883（明治16）年に善光寺養育院（長野），1886（明治19）年に愛知育児院がそれぞれ開設された。

　こうした今日でいう児童養護施設のルーツにあたる施設だけでなく，児童自立支援施設（旧・教護院）のルーツにあたる「感化院」も明治期に仏教系，神道系，キリスト教系で相次いでつくられたが，とくに有名なのがクリスチャン留岡幸助によって1899（明治32）年に開設された「東京家庭学校」である。そこには附属の「慈善師範学校」なる感化救済事業従事者の専門的養成機関まで設けられたが，1914（大正3）年に広大な敷地と大自然を求めて北海道に移転。自然のなかでの農作業と集団生活を通じて「労作教育」を実践し，非行少年の更生を支援した。

　貧困問題を背景に，家庭での養育に恵まれず，十分な学校教育も受けられないままに社会の荒波にさらされて非行に走っていた児童を更生させる感化事業は，このように民間レベルで活発に行なわれていたが，それでもふえ続ける不

良少年への対応策として国は「感化法」を1900（明治33）年に制定。1907（明治40）年の刑法改正，1908（明治41）年の感化法改正などを受けて感化院が増設され，1915（大正４）年までに全道府県に設置をみたほか，1917（大正６）年の国立感化院令を受け，1919（大正８）年に国立感化院「国立武蔵野学園」が開設された。

　この感化法は，明治年間における唯一の児童保護立法だが，その推進のために内務省主催の「感化救済事業講習会」が1908（明治41）年から開始されており（1920（大正９）年「社会事業講習会」と改称），障害者や高齢者の分野に先駆けて児童分野で社会事業の専門的な従事者養成に国が取り組んだ点が注目される。

　明治から大正期にかけては，障害系の児童福祉施設も相次いで開設された。

　1878（明治11）年の京都盲唖院，1880（明治13）年の東京訓盲院といった視覚・聴覚系の障害児を対象とした施設のほか，肢体不自由児施設も1921（大正10）年に柏学園が開設され，それぞれの分野で嚆矢となった。また，この「肢体不自由」という用語を初めて提唱した整形外科医・高木憲次（1888〜1963年）は，昭和に入って「光学校」（1932（昭和７）年）や「東京整肢療護園」（1942（昭和17）年）を開設し，科学的な障害児療育やリハビリテーション医療の確立に尽力した。

　託児・保育系の施設としては，アメリカ人医師ジェームス・ヘボン（Hepburn, J. C., 1815〜1911年）が，医師として施療事業を行なっていた横浜で1877（明治10）年に保育施設を開設。

　日本人では新潟市の赤沢鍾美（1864〜1937年）・仲子夫妻による幼児保育所が最初とされている。1890（明治23）年に，鍾美は漢学を教える「静修学校」を開設したが，幼い子どもを背負ってくる子女も多く，仲子がその乳児を別室に預かって子守りをするようになったのがきっかけといわれている。

　また，女性労働者を多く雇用していた繊維工場では，企業内保育のニーズが早くから顕在化しており，1894（明治27）年には東京の大日本紡績株式会社内に託児所が設けられた。

　貧児の保育にとくに積極的に関わったのは野口幽香（1866〜1950年）である。野口は当初，華族女学校（現学習院）の附属幼稚園に勤めていたが，その

かたわら1900（明治33）年に森島美根とともに東京麹町に貧児を対象とした「二葉幼稚園」（現二葉保育園）を創設し，1906（明治39）年に四谷のスラム地区に移転。セツルメント活動も行ないながら保育事業を続けた。

　農村部では農繁期だけ子どもを預かる季節託児所が明治20年代に鳥取県美保村に設けられて以後，同様の施設が各地に設けられた。

(2)　昭和時代の施設での社会的養護

　大正から昭和初期にかけて，第一次世界大戦と第二次世界大戦の間にあたる時期を戦間期というが，世界的には列強諸国の帝国主義，植民地支配が進んだ。資源の乏しいわが国も軍国主義化を強めていたが，国内的には失業の増加や農村の疲弊が深刻となっていた。世界恐慌が起きた1929（昭和4）年には救護法が制定され（施行は3年後），1933（昭和8）年には感化法に代わって少年教護法が制定され，同年，児童虐待防止法（1947（昭和22）年に廃止。2000（平成12）年に新法制定）も制定された。その背景には，貧困に起因する児童の人身売買や酷使などの問題があった。

　戦時体制化が進む1937（昭和12）年には，兵力として夫や父親が動員された後に残された母子世帯の生活困難があり，生活苦による母子心中が増加したため，母子保護法が制定された。同年，保健所法も制定され，翌年には厚生省が内務省から独立して設置されるなど，乳幼児保健や母性保護が推進されたが，その背景には健民健兵政策という国策があった。

　1945（昭和20）年の敗戦により，国民は耐乏生活を余儀なくされたが，戦災で家や親を失った「戦災孤児」への対策は急務であった。

　"ストリート・チルドレン"と化した孤児たちは路頭に迷い，生きるために触法行為に走る者もあった。政府は戦災孤児や浮浪児の対策に追われ，児童酷使の禁止（第27条3項）を盛り込んだ新憲法公布（1946（昭和21）年）の翌年，1947（昭和22）年に児童福祉法を制定した。

　これはわが国で初めて「福祉」の名をつけた法律であったばかりでなく，対策が急務とされた要保護児童の問題にとどまらず，全児童を対象とする総合的な福祉立法であり，今日の児童福祉政策の原点となっている。児童養護施設（当初は「養護施設」）や乳児院，母子生活支援施設（当初は「母子寮」），保育所，児童自立支援施設（当初は「教護院」）などの施設は，同法を根拠法令と

する児童福祉施設として整備されることになった。そして，同法の規定を受けて翌1948（昭和23）年には「児童福祉施設最低基準」が示され，児童福祉施設の設備や職員配置に関する基準などが定められた。この最低基準は，その後40年続く昭和時代のうちに改められることはなかった。

(3)　平成時代の施設での社会的養護

　戦後半世紀以上を経て，児童を取り巻く社会状況や児童養護施設への入所理由などが大きく変化したのを受け，前述の最低基準もようやく2012（平成24）年には「児童福祉施設の設備及び運営に関する基準」へと改正され，社会的養護の新たなニーズに対応すべく，職員の人員配置基準の引き上げなどが行なわれた（本書第7章参照）。

　この平成時代に深刻化した社会的養護のニーズとして，児童虐待の問題があげられる。

　全国の児童相談所での虐待相談対応件数は，1990（平成2）年度に1101件だったのが，1997（平成9）年度には5千人を超え，1999（平成11）年度には1万人を超えて11631人と，10年間で10倍になり，そこから16年後の2015（平成27）年度に10万人を超え，2018（平成30）年度現在16万人近くに及び，この約30年間，増加の一途をたどっている（厚生労働省，2019；本書第1章参照）。

　児童養護施設への入所理由の第一位が1978（昭和53）年当時は「親の死亡・行方不明」40％で，「親の虐待」は8％に過ぎなかったのが，2013（平成25）年には「虐待」が第一位で37.9％を占め，「親の死亡・行方不明」は6.5％にとどまっている。児童養護施設入所者の6割が「被虐待経験あり」というデータもある（厚生労働省，2015）。

　前述のとおり，児童虐待防止法は戦前の1933（昭和8）年に制定されながら，戦後の1947（昭和22）年制定の児童福祉法に吸収される形で廃止されていたが，2000（平成12）年に児童虐待の防止に関する法律が制定され，その後の障害者，配偶者（DV），高齢者に対する各種の虐待・暴力防止法制定の先鞭をつけることとなった。

　また，先鞭をつけるといえば，戦後約半世紀にわたって福祉サービス提供システムの基本となっていた措置制度から契約制度への移行が最初に実施されたのが，わが国最多の福祉施設である保育所の利用契約方式であり，1997（平成

9）年の児童福祉法改正によるものであった。同年の児童福祉法改正は，養護施設から児童養護施設，教護院から児童自立支援施設，母子寮から母子生活支援施設への施設名称の変更や，児童養護施設と児童自立支援施設における退所後の自立支援の促進などを含む大幅なものであった。

　同法はその3年後の2000（平成12）年に社会福祉事業法改正（社会福祉法として改称）を受けてさらなる改正を重ね，母子生活支援施設と助産施設についても保育所と同様に，それまでの措置制度から利用契約方式への移行が進められることとなった。

　平成の20年代になると，社会的養護の施策をめぐる国政レベルの検討が二度にわたって行なわれ，その結果が2011（平成23）年には「社会的養護の課題と将来像」（厚生労働省，2011）として，また2017（平成29）年には「新たな社会的養育ビジョン」（厚生労働省，2017）としてまとめられた。

　児童養護施設に絞ってそれらのポイントをあげれば，前者においては被虐待経験者と，なんらかの障害をもつ児童の増加に伴い専門的なケアの必要性が増している一方で，全体の7割が大舎制という状況をふまえ，施設の小規模化とそれを実現させるための人員配置基準の引き上げなどが提言された。後者においては，2016（平成28）年の児童福祉法改正で家庭での養育支援から代替養育までの社会的養育の充実が謳われたのを具現化すべく，前者を全面的に見直し，すべての子ども家庭を支援するために市町村におけるソーシャルワーク体制の構築と支援メニューの充実などが提言され，それらの実現に向けた工程までが示された。家庭養育を重視するこの「ビジョン」のなかで，「施設」については，おおむね10年以内を目途に，最大6人までの小規模化，地域分散化，常時2人以上の職員配置などを実現させるという抜本改革を提起した。

　多岐にわたる改革の工程にそった実行は，この後，令和時代での取り組みへと引き継がれることとなった。

2節. 社会的養護の国際的発展

1 ——諸外国の施設での社会的養護

　欧米の施設での社会的養護の歴史は，4世紀前半のローマ帝国時代に行旅病人や孤児，孤老などを収容したクセノドキアのほか，乳児院ブレフォトロフュウム，養護施設オルファノトロフュウムが設けられたことに始まるが，それらの設置をうながした背景にはキリスト教の広がりがある。

　紀元313年にローマ皇帝コンスタンティヌス（Constantinus）が，それまで行なわれていたキリスト教への迫害を禁止し，国家公認の宗教とした（ミラノ勅令）ことから，キリスト教思想に基づく慈善・博愛の活動が各地で活発に行なわれることになったのである。

　中世から近世にかけても教会や修道会での孤児救済が各地で行なわれたが，16〜17世紀のイギリスでは救貧法による貧民対策のなかに孤児への対応も見受けられるようになり，無差別施与の弊害をも生んだ宗教慈善と並行して公共的救貧政策が展開された。その代表的なものが1601年制定のエリザベス救貧法であり，成人貧窮者と要保護児童への対応を年齢で区別し，児童には児童向けの徒弟奉公制度を定めた点が，当時としては画期的であった（ただ，イギリスでは1576年に制定した救貧法でも，すでに要保護児童への徒弟奉公を盛り込んでいる）。

　17世紀から19世紀初頭にかけてはフランスの孤児への対策をみておきたい。

　アンシャン・レジーム（旧体制）期からフランス革命後まで，この国で大量に発生していた孤児の数が記録に残されている。19世紀にすでに『捨て子の歴史』（レオン・ラルマン，Leon, L.，1885年）という書物が著わされており，それによれば，パリには1600年代半ばに年間300〜400人台の捨て子がいたが，17世紀末に1500〜1700人台，18世紀半ばに4000〜5000人台，1772年に7676人……と増加していたということである。

　そして，この国ではアンシャン・レジーム期から，「養育院」とよばれる孤児救済施設の入り口に「回転籠（ツール）」という装置が備えつけられていたという。親が罪悪感や羞恥心から養育院のスタッフに育てきれない赤子を直接

託すことをためらって，捨て子を路上などに置き去りにして，餓死や病死，凍死をさせてしまうということを極力防ぎ，赤子の生命を守るために，入り口についた回転籠のなかに外から赤子を入れてベルを鳴らし，そっと立ち去る——という方法で養育院に預け，内側から籠を回転させてなかで取り上げる，という仕組みである。フランス革命後もこうした仕組みは続き，ナポレオン1世も1811年にこの回転籠の設置を各県に義務づけたといわれているほか，養育院が身近にない郡部などでは，村々から親が手放す赤子を引き取り，手数料を取って回転籠のある街の養育院まで背負っていく"運び屋"まで現われたという。

19世紀後半になると，欧米各国では急激な鉱工業の発達と資本主義経済の広がりにより，低賃金・長時間労働が横行するようになり，過酷な児童労働が問題となる。イギリスではすでに1833年にロバート・オーエン（Owen, R., 1771〜1858年）らの努力により実現した「9歳以下の児童の雇用禁止と18歳以下の労働時間を12時間までとする制限」が工場法によって繊維産業の一部に導入されたほか，児童の酷使を抑えるため，アメリカでは1874年に，イギリスでは1883年にそれぞれ「児童虐待防止協会」が設立された。

民間での児童保護事業として1870年，小舎制を取り入れた児童養護施設の先駆「バーナードホーム」がロンドンにつくられ，近代的な児童養護施設経営のモデルとして世界各地の実践に影響を与えた。ドイツでは，1833年に感化教育を行なう「ラウエ・ハウス」が設立された。

2——児童福祉理念の国際的発展

20世紀に入って間もなく，アメリカでは1909年に「要保護児童の保護に関する会議」が開かれ，児童育成に対して国家的に取り組む姿勢が示されるようになった。以後，10年ごとに大統領によって召集，開催されるようになったこの会議は「ホワイトハウス（白亜館）会議」とよばれ，福祉・保健・教育・労働などの専門家によって多角的，総合的に児童福祉のあり方が協議されており，ほかの国々にも大きな影響を与えた。

第一次世界大戦後に発足した国際連盟では1924年に「ジュネーブ（ジェノバ）宣言」を採択し，「人類は児童に対して最善の努力を尽くす義務をもつ」ことが世界共通の課題としてアピールされた。

　しかし，世界は再び戦火を交え，その第二次世界大戦後に発足した国際連合で1959年にあらためて「児童権利宣言」が採択されることとなった。

　それから30年後の1989年，第44回国連総会では54条に及ぶ「児童の権利に関する条約」が採択され，子ども自身の「意見の表明権」などかつてなく積極的な権利保障の理念が明記され，締約国への遵守が義務づけられたのである。

　それから20年後の2009年には，第64回国連総会で「児童の代替的養護に関する指針」（子どもの代替的養育に関する国連ガイドライン）が採択された。

　これは，児童の権利に関する条約に基づいて，親の保護が受けられない子どもに国が代替的養護を保障する責任があるとして，それを実施する際のガイドラインを提示したもので，児童の最善の利益を図るには，家族養護が第一で，それができない場合には養子縁組等の永続的解決策を探り，それも実現不能な場合に限り，最後の手段として里親や施設養護などの代替的養護を保障するという考え方に立っている。そして，「児童を家族の養護から離脱させることは最終手段とみなされるべきであり，可能であれば一時的な措置であるべきであり，できる限り短期間であるべきである」というように，施設養護にはきわめて抑制的で，「脱施設化」は目的であり方針でもあるという（厚生労働省雇用均等・児童家庭局家庭福祉課，2009）。

　児童の人権を人として尊重していく理念は，こうして国際的に共有されるようになったが，21世紀の今日においても，発展途上国における児童労働や先進国における児童虐待は深刻な様相を呈している。公私を問わず児童らに対して「最善の努力」がはたして十分になされているか，社会的養護をめぐる現状もそのような観点から検証し続けていく必要があるといわねばならない。

 研究課題

1．8世紀のはじめ，わが国の近畿地方で「布施屋」という施設が設けられた社会的背景と社会的養護の観点からみたこの施設の意義をまとめよう。
2．明治時代に社会的養護の実践に取り組んだ人々の思想的背景について取り上げ，それを反映した実践例の特徴をまとめよう。
3．17世紀から19世紀にかけてのフランスで数多くの捨て子が発生した原因について，推薦図書を参照しながら考えてみよう。

🔲 **推薦図書** ────────────────────────────

●『岡山孤児院物語─石井十次の足跡』　横田賢一　山陽新聞社
●『フランス社会事業史研究』　林信明　ミネルヴァ書房
●『社会福祉のあゆみ─日本編』　一番ヶ瀬康子（監修）　鈴木依子　一橋出版
●『社会福祉のあゆみ─欧米編』　一番ヶ瀬康子（監修）　山田美津子　一橋出版

Column 2

2人の石井―近代児童福祉の礎を築いた人々

　明治時代から大正時代にかけて慈善事業に尽くした人物のうち，石井十次と石井亮一には名字のほかにも共通点がある一方，それぞれ独自の道で児童福祉実践の先駆者となっていった。

　共通点はいずれも1860年代後半という幕末に九州で生まれ，ともにクリスチャンとして生き，孤児の養育に献身的に取り組んだことである。

　石井十次は1865（慶応元）年に宮崎県に生まれ，医師をめざして岡山医学校（現岡山大学医学部）で学んでいる間に孤児救済の活動に身を投じ，岡山孤児院を創設。以後，しだいに収容児数をふやし，ピーク時には1200名もの児童を育てていた。無制限収容，満腹主義，非体罰主義，実業教育など，独自の理念に基づく支援を実践したほか，大規模施設となっても個別的，家庭的支援を実現すべく生活単位を10人程度に分け，今の「ユニット・ケア」の先駆ともいえる小舎制を導入したり，近隣の農家と一種の委託契約を結んで里子を預ける里親委託を実施したりした。

　一方，石井亮一は十次より2年あとの1867（慶応3）年に佐賀県で生まれ，東京の立教大学在学中にキリスト教の洗礼を受け，卒業後，若くして立教女学校教頭を務めていたときに，1891（明治24）年の濃尾大地震の被災孤児を20余名引き取って孤女学院を創設。この濃尾大地震の被害は甚大で多くの孤児が発生していたため，石井十次も93名を引き取り，岡山孤児院拡大の一因となったが，石井亮一の人生を大きく方向づけたのは，引き取った20余名のうち2人の女児に知的障害を認めたことであった。亮一はその後，知的障害児の発達や教育方法について調査研究を深めるとともに，滝野川学園を創設して臨床心理学などを応用した労作教育など科学的知見に基づく支援を実践した。

　十次が児童養護施設，亮一が知的障害児施設に邁進し，それぞれの分野でわが国の児童福祉の近代化に貢献したが，欧米の専門的な情報入手がまだむずかしい時代に，それぞれイギリスのジョージ・ミューラー（Mueller, G.）やバーナード（Barnard, J. T.），フランスのイタール（Itard, J. M. G.）やセガン（Seguin, E. O.）など，当時の世界的な先駆者たちの理論や思想，実践例に注目し，学んでいる点も共通している。

　こうして近代児童福祉の黎明期にともに活躍し，十次は1914（大正3）年に亡くなり，亮一は昭和に入るまで生きて，1937（昭和12）年に亡くなった。

第3章
社会的養護の理念と基本原理

　私たちには，実践を絶えずふり返り，是正すべき点を発見して，よりよい社会的養護の可能性を追求することが求められている。すなわち，現在の生活プログラムのなかに何か付加すべきことはないのか，あるいは，ワーカーとして自分自身の態度や実務に改良の余地はないのかなどを自己評価して，利用者のニーズをより充足できる施設づくりを検討しなければならない。

　そのためには，評価するための確固とした基準が求められる。本章では，その基準・ものさしを生み出す理念や原理を明らかにしていく。

　それらの理念・原理は，先駆的な実践家の思想，時代に応じた政策的理念，さらに，対人支援技術の向上を導いた人間諸科学の成果などにより生み出され，洗練されつつあるものである。

　児童は本来家庭で育てられるべきであると考えられるが，家庭養育の欠損・欠陥が生じれば，その児童の養育の責任は最終的に国が担うことになる。

　社会的養護である施設養護あるいは家庭（的）養護というものは，できるだけ家庭養育に含まれる種々の機能を果たそうとする。生理的な欲求の充足，情緒的安定，社会化，教育機会の提供など，一般家庭に代わって子どもを愛護し，その子どもに不足を感じさせないようにする。さらに，治療機能を備えるなど独自の機能を有するものもあり，家庭の代替以上の機能を果たさなければならないのである。

　今日，制度上は，上記したような養護が理念としてばかりでなく，実際に児童に保障されることが求められている。第2章で概観したように，社会的養護の理念は時代とともに向上してきた。では，今日におけるその理念をどのように理解したらよいのだろうか。1節においてそのことを整理する。

　2節では，その理念が，実際の養護のなかでどのような原理として言語化されているのか，さらには，実践の過程のなかでどのような専門的な支援を行なえばよいのかということについて理解したい。そのことによって，次章以下で述べられる具体的な支援内容や支援技術などの意義が鮮明になると思われる。

　ここで，本章1節と2節および第5章，第6章の内容を表3-1に整理して，鳥瞰したい。

表3-1　社会福祉と社会的養護の基本理念・原理とおもな援助技術

社会福祉の一般的な理念	社会的養護の基本原理	おもな社会的養護内容と援助技術
ノーマライゼーション	エンパワメントの原理	日常生活援助
生活の質（QOL）	社会復帰の原理	ソーシャルワーク（ファミリー・ソーシャルワークを含む） ケースワーク／グループワーク／コミュニティワーク／ケアマネジメント　etc.
利用者本位	家族関係の調整の原理	
自己実現	施設の社会化の原理	
発達保障	生活の快の原理	各種療法 カウンセリング／行動療法（行動変容アプローチ）／書き換え療法（ナラティブアプローチ）／短期療法（解決志向アプローチ，課題解決アプローチ，危機介入アプローチ）／家族療法／総合環境療法　etc.
個人の尊厳の保持	個別化の原理	
権利擁護	集団力学の活用原理	アクティビティ・サービス
	自己決定の原理	チームワーク

1節. 施設での社会的養護の理念と特色

　日本における児童福祉施設での養護は，第2章でみたように，明治期に，孤児，非行児，障害児などのそれぞれの分野におけるパイオニアとなった石井十次，留岡幸助，石井亮一ら多くの先覚者たちの手によって開拓されたものである。そうした私的救済は，社会事業家の宗教あるいは思想に基づき，さらにアメリカなどの福祉先進国の方法に学びながら進められた。

　戦後，日本国憲法の成立により，社会的養護は法律に基づく社会福祉制度として実施されるようになり，その方法論も諸外国に遅れながらも着実に進歩させてきた。児童福祉も，社会福祉制度という上位システムの一分野となり，その制度改革の大きなうねりの影響を受けて，他分野とも相互連関している。すなわち，社会的養護も社会福祉の一般的な理念のもとで，その原理を変容させつつある。

　まず本節では，社会的養護の立脚点となる社会福祉の一般的な理念を，今日の社会的養護との関連を考えながら整理して理解したい。そのため，社会福祉における政策的な動向，方法論上の動向，そして，法律的な動向をふまえ，そこから生み出された理念を解説する。

1──政策上の理念

　社会福祉理念の歴史上の重要な変化のひとつは，施設福祉から在宅福祉へ重点を移行させるという政策的な変換であろう。児童福祉においても，通所型の社会的養護を充実させることや，最近の児童居宅支援事業の制度化として現われている。その政策転換の背後にあった理念は，「ノーマライゼーション」である。

　もうひとつの重要な変化として，近年のサービスの量的充足にともなって，その質的向上を求める動きがある。施設福祉においてはそこでの生活をより快適なものにすること，自立支援においては経済的自立や日常生活動作の自立以上の生活全般やその内容をとらえるようになったことなどのなかに現われている。その背後にある概念は「生活の質（QOL）の向上」である。

　さらに，戦後50年を経過した時点で，厚生省（現・厚生労働省）が「社会福祉基礎構造改革」を打ち出し，第1章で検討したように，「利用者本位」と

いう理念が登場した。その関連では，措置制度から契約制度へという大転換が図られつつある。と同時に選択権が大幅に認められ，インフォームド・コンセント（説明と同意），インフォームド・チョイス（説明と選択）といった，新たな支援原則が生まれたのである。

　以上にあげた３つの理念，すなわち「ノーマライゼーション」「生活の質の向上」「利用者本位」などは，今日の大きな政策的な理念ということができる。

(1)　ノーマライゼーション

　ノーマライゼーションという概念は，もともと知的障害者の施設処遇の劣悪さを改善するべくデンマークのバンク・ミケルセン（Banku-Mikkelsen, N. E.）が提唱したものであり，児童福祉法の改革においてその理念のひとつとなった。

　近年では，1981年の「国際障害者年」のテーマであった「完全参加と平等」が推進される過程においてこの理念が普及し，今日では社会福祉全般にわたる基本理念として定着している。

　日本語に訳せば「常態化」となり，社会的養護の領域にあてはめて考えれば，施設入所児童の生活が家庭ではあたりまえのことが実現できていれば常態であり，もしできていなければそれは是正されなければならないとされる。あるいは，地域のなかであたりまえに暮らせるようにすべきであって，施設生活を永続的なものとみなすべきではないという考え方もそこから引き出すことができる。

(2)　生活の質の向上

　人はそれぞれの生き方をするものであるから，ライフスタイルに見合ったサービスの提供をすることが望ましい。しかし，そのためには，サービスの量的充実による選択可能性の拡大が必要であることはいうまでもない。わが国の戦後の高度経済成長は，社会福祉においてもその選択の幅を広げる豊かさをもたらし，それとともに「生活の質（Quality of life）」という理念が強調されるようになってきた。とはいえ，まだそのことが十分実現する前に国や地方自治体の財政が逼迫し，サービスの公的な保障にかげりがみえてきたところである。

　児童福祉においては，まず保育所が措置制度から市町村との間で利用者が利用施設を選択できる制度に移行し，保育所は互いにその質を競うようになった。しかし，その他の入所系の児童福祉施設にあっては，措置制度が依然として残

り，また，限られた財政状況のなかで運用されている「児童福祉施設の設備及び運営に関する基準」の下で，児童の生活の質を向上させることは容易なことではない。しかし，子どもたち一人ひとりの個性を伸ばしたり，自分らしい生活を送らせるために，各社会的養護の現場は経営努力を含めて鋭意くふうしているところである（本書第7章参照）。

　今後，評価基準づくり，あるいは，第三者評価制度に関連して，この「生活の質の向上」という理念は避けて通ることはできない。

(3) 利用者本位

　社会福祉基礎構造改革において強調されたこの「利用者本位」という理念は，それ以前にも，「対象者中心主義」とか「ニーズ中心主義」とかいわれてきたものである。これは，利用者個人を中心軸に置くことにより，利用者を支援するさまざまな仕組みを具体化することであり，また，福祉サービスをみずから選択できる社会福祉制度の構築でもある。

　措置制度が契約制度に転換されることは，この理念の現実化にとってかなめとなるものであるが，措置制度の継続が不可欠とされる要保護児童に関する分野においても「利用者本位」の理念は貫かれなければならない。具体的には，職員主導のサービスの押しつけという従来の姿勢はもはや通用せず，児童の意見・要望を取り入れたサービス提供が方向づけられている。これは，苦情解決委員会の設置等によって進められている。

　その苦情解決システムは，2000（平成12）年度からの社会福祉法第82条をうけて，2001年ごろから各施設が設置しだしたものであり，子どもたちの苦情や要望に対して第三者委員を納得させるだけの対応をとる努力をしている。たとえば，「ある職員が特定の子どもをえこひいきしている」という訴えがあってそれが事実である場合，その職員を配置転換することや，スーパービジョンによる指導がなされるなどである。また，「ピアノを習いたい」という要望があって対応できる職員がいなければ，ボランティアの導入などが模索されるなど，具体的な改善（解決）策が必要とされるものである。

2——方法論上の理念

　以上に述べた政策上の理念のほかに，方法論上の理念もあげておきたい。

　ここでは，人間諸科学の成果が生み出した価値概念として，２つのことをあげることができる。その１つ目の「発達保障」という理念は，発達心理学，発達課題の研究，さらには重症心身障害児に関する実践理論などにより体系化されている。２つ目の「自己実現」という理念は，欲求の階層論やカウンセリング理論により，すべての対人支援に携わる者にとっての心理学的な立脚点となっている。

(1)　発達保障

　ピアジェ（Piaget, J.）による認知的発達理論や，ハヴィガースト（Havighurst, R. J.）らの乳児期から老年期にいたる発達課題の研究などは，年代に応じた人間関係のあり方や教育目標の立て方を示唆するものであり，同時に，その教育的な適齢期にその課題の達成に失敗した者に対しては，その治療や再教育の道をさし示すものであった。あるいは，ボウルビィ（Bowlby, J.）による乳幼児期のマターナル・ディプリベーション（母性的養育の喪失）に関する報告は，それによってもたらされる発達障害に対する養護のあり方を示唆するものであった。

　つまり，親に代わって養護する専門職は，それらの理論に支えられながら児童の発達を保障し，あるいは，発達障害の児童がいれば治療的なはたらきかけを行なうことができることが期待される。また，その理論は，多忙な日常の職務のなかで，重要でありながらなおざりにしてしまうジレンマを感じた職員にとって反省をうながすという「道徳的な立脚点」ともなっている。養護は対人的な労働であり，仕事として割り切ることのできない部分を有しており，具体的な使命感を絶えず湧出させる必要がある。

　また，糸賀一雄に代表される重症の心身障害児（者）といわれる人たちと取り組んだ実践家たちによる実践報告や研究の積み重ねは，たとえ重度の障害を抱えていても，関わる支援者の熱意とくふうに裏打ちされた支援によって，発達の扉が開かれることを明らかにしたものであった。

(2)　自己実現

　この自己実現という概念は，２つの視点で考えることができる。１つは，潜在的な力を発揮する可能性を示唆するものであり，もう１つは，人間にとっての最高次の欲求という見方である。

　前者は，困難に直面している人が与えられた状況や与えられた課題に対して，みずから適応し，みずから解決しようとする成長動機を秘めており，支援者は側面的に支援することがたいせつであることをさし示すものである。各種の援助技術の理念になっている「自立支援」という概念の根拠のひとつになっている。

　カウンセリング理論におけるクライエント・センタード・セラピー（来談者中心療法）を確立したロジャース（Rogers, C. R.）は，カウンセラーは，クライエントの自己実現ということを信頼してひたすら傾聴・受容することがたいせつであると教えた。彼は臨床経験において，そうすることでクライエントはみずから問題に気づき，解決の道を歩み始めることを発見したからである。

　この自己実現の潜在的な力（パワー）を剥奪してきたのは，パターナリズム（paternalism：過干渉な父権主義的対応）であり，支援者本位の支援計画であった。これを是正するためには，自己決定権を保障し，また，利用者本位の個別支援計画の策定が望まれるところである。

　さらに，1998年にノーベル経済学賞を受賞したセン（Sen, A.）の潜在能力（capability）理論は，人間のニード充足を達成できる機能の集合である潜在能力によって人間を評価すべきであるとしている。これは，身体的・知的・情緒的・社会的に豊かな生得的機能を有する児童に対するアプローチを考えるうえで重大な示唆を与えてくれるものである。

　後者は，マズロー（Maslow, A. H.）のヒューマン・ニーズ（人間の基本的な欲求）に関する階層理論において，だれもが自尊欲求や自己実現欲求とよべるような成長欲求をもっていることが明示されたことをさしている。とくに「自己実現」の欲求については，人間は生きがいを求め，人生の意味を求めるために，「真，善，美」といった価値の追求をするものであるとマズローは説明している。施設生活を余儀なくされている児童にしても，そこで生理的欲求，安全欲求，愛情欲求などが満たされるだけで充足するものではなく，社会で何かを達成し，承認され，価値を実現することを求める存在である。支援者はそのことを忘れてはならないこと，および施設生活の枠を超えた支援を志すことのたいせつさを示唆するものである。

3——法律的な理念

(1) 個人の尊厳の保持

　社会福祉法第3条（福祉サービスの基本的理念）は，「福祉サービスは，個人の尊厳の保持を旨とし，その内容は，福祉サービスの利用者が心身ともに健やかに育成され，又はその有する能力に応じ自立した日常生活を営むことができるように支援するものとして，良質かつ適切なものでなければならない」と明記している。

　また，社会的養護の根拠法規であるわが国の児童福祉法第1条では，「全て児童は，児童の権利に関する条約の精神にのっとり，適切に養育されること，その生活を保障されること，愛され，保護されること，その心身の健やかな成長及び発達並びにその自立が図られることその他の福祉を等しく保障される権利を有する」とうたわれており，いかなる児童も人間としての尊厳は保障されなければならないとされている。

(2) 権利擁護

　戦後50年を経過してからようやく，厚生省（現・厚生労働省）は福祉サービス利用者の権利擁護への取り組みを開始した。それ以前は，施設の閉鎖性の壁のなかで，職員による虐待が放置されるような状況があった。

　2000年に「社会福祉事業法」は「社会福祉法」として生まれ変わり，そこに苦情解決制度が規定され，第三者委員の導入も図られることになった。また区市町村によっては，（児童）福祉オンブズパーソン制度も導入され始めている。

　さて，児童福祉施設で生活している児童は実際にどのような人権侵害を受け，どのようなことを不自由と感じているのだろうか。児童の権利擁護を考えるとき，まず，権利侵害の諸相を明らかにしなければならない。たとえば，以下のように3分類して考えることができる。これらは職員やほかの児童からの身体的な暴力のみならず，精神的なものなど多方面に及んでおり，そのケアが多面的になされなければならないことを物語っている（本書付章参照）。

　①当面するストレス

　体罰，いじめ，職員の権威的態度，規則づくめの生活，異性介助，ベッド上に拘束される時間の長さ　等々

②ストレスの潜在化

あきらめ，無気力，心理的萎縮，性的羞恥心の鈍磨　等々

③社会復帰への悪影響

社会性の欠如（受動的傾向など），感覚のずれ，施設慣れ，発達障害　等々

②節． 施設での社会的養護の基本原理

　1節で概観した各種の理念が，今日行なわれている実際の施設での社会的養護の内容・援助技術に対して，大きな目標や基準をさし示しているのは言うまでもないことである。本節では，それらに基づき児童福祉施設での養護の基本原理を8点あげ，網羅的に説明したい。

1──エンパワメント，エンリッチメントの原理

　「エンパワメント」という概念は，虐げられていた人々が人間性を回復するとか，眠っていた潜在的な力を引き出すとか，社会をみずから変革するパワーを身につけるといった概念であり，従来いわれてきた「人間性回復（修復）の原理」に比して，児童の人間性をより高い地点にまで伸長させる原理である。

　虐待などのリスク要因を抱えた児童が，どのような養護環境のなかで，社会適応をし，自立できたのかに関してエビデンスを提供するレジリエンス研究に注目したい。ソーシャルワークにおけるレジリエンスの概念は，児童自身がレジリエンス（回復力，強靱化）を自分で引き出すためには，どのような社会的環境の要因が効果的であるかを見いだそうとするものである。また，「エンリッチメント」という概念も導入したい。たとえば，重症心身障害児のもつ豊かさを理解し，それを尊重し，さらに，社会に対して知らしめるといった一連の援助活動を動機づける目標として考えることができるだろう。これから解説する各原理が活かされた実践が行なわれるならば，要保護児童全般において，「エンパワメント」や「エンリッチメント」は実現すると考えられる。

2──個別化の原理

　利用者本位のサービス提供が図られるためには，一人ひとりのニーズを把握

し，それに基づいて個別支援計画がたてられるべきである。

　児童福祉法の1997年における改正にともなって出された厚生省通知では，個々の児童の自立支援計画策定については，児童相談所と児童養護施設などが連携して行なうこととしている。最近の入所児童の傾向として，児童虐待を受けた児童など処遇困難なケースがふえてきている。その個々のケースに適切に対応するためには，より専門的なアセスメントが求められる。そのために，専門的に心理テスト，行動観察，面接などによって児童を判定し，施設に措置した児童相談所が，今まで以上に処遇の連携や一貫性を進めることが求められている。

　また，「児童福祉施設の設置及び運営に関する基準」において，児童の年齢・人数に応じた職員数が決められているが，被虐待児の増加などきめ細やかな養護体制の必要性が高まっている。

　さらに，児童一人ひとりの心身の状態や成長に応じたきめ細やかなケアができる職員の必要性から，児童養護施設などに高度な専門性を有する心理療法担当職員や被虐待児個別対応職員が配置されている。

3──自立支援（社会復帰）の原理

　施設が終の住みかとなるということは，高齢者施設の場合には多いが，社会的養護を考える場合にはわずかである。すなわち，いずれは施設を退所し，家庭復帰するのか，自立生活を始めるのか，あるいは，別の施設への措置変更なのかの選択を迫られることになる。とはいえ，重度の要介護児童や医療的なケアが必要な児童は，わが国の現状では社会復帰が困難であるため，措置変更により成人の施設に移行しそこで終生を終えることもある。ただ，そうしたケースであっても，全国に展開している障害者自身による自立生活運動は施設を出て地域生活を送ることをうながしており，その機運が盛り上がっているのが現状である。

　障害者施策も居宅生活支援事業を充実させてきたので，今まで以上に児童養護における自立支援（社会復帰）の原理が重要性を増している。

　また，児童養護施設では措置期間の延長がなされ，満20歳に達するまで在所することができるようになった（厚生労働省，2011）。従来は，中学卒業ないし高校卒業後のアフターケアは自立援助ホームなどの法外施設（1998年施行

の改正児童福祉法で「児童自立生活援助事業」という名称で位置づけられた）にゆだねられてきたが，今後は施設を転々とすることなく，落ち着いた状況のなかで自立支援を準備する条件がひとつ整ったということができる。近年，ようやく国による大学までの給付型奨学金制度が創設されたが，進学に要する費用の捻出など児童や施設の自助努力に依存している部分が大きく，なおいっそうの制度改革が求められる。

　社会に出てからは基本的な生活習慣ができていないと，児童は苦労することになる。たとえば，対人関係がうまく営めないと職場で苦労する。したがって，退所後の児童たちのことを考えて在所中の生活指導や生活技能訓練が実施されなければならないことは言うまでもない。

　また，施設で生活していても，ふつうに地域社会の一員としての社会参加を進めていくこともたいせつである。学校における部活動はもちろん，地域のボランティア活動に参加したり，アルバイトをしたり，習いごとなども施設外で自由にやれるようになることなどが，情報面・文化面でのバリアフリー化を進めることとして期待される。

> **事例　高校生のY君の自立生活に向けての計画**
>
> 　児童養護施設に勤めるXさん（保育士）は，Y君を担当している。Y君は，高校生で朝起きられないことがよくあり，また，不登校による欠席が多い児童であった。Xさんは，卒園後の自立に向けた自立支援計画の中で生活リズムを整えることを目標としていた。
>
> 　また，進路選択について，Y君は子どもが好きで年下の児童の面倒をよく見ていたことから，Xさんは午前10時半からの出勤である学童保育のアルバイトを見つけ，Y君も同意した。
>
> 　しかし，Xさんは，自立生活に必要な力が完全に身についたというレベルに達することができなかったY君を，高校卒業後も引き続き措置を行うことが必要と判断した。そして，Xさんは，Y君と保護者に意向を確認したうえで，児童相談所と協議を行った。
>
> 　その後，Y君は，措置延長期間のなかで，生活リズムを整え自立生活をするという目標に向け，以前よりも学童保育のアルバイトに本腰を入れて努力するようになった。

4——家族関係の調整の原理

　家族の機能低下が叫ばれる社会状況のなかで，措置児童の家族関係に支援が

必要なケースがふえている。長期入所施設ばかりでなく，短期入所施設や通所施設においても，家族関係の修復に対して専門的なかかわりが望まれている。親の蒸発や児童虐待などは，関係の修復が困難な事例である。しかし，このような場合でも，児童相談所との連携のもと，親の行方を探し出したり，孤立状態にある親の支援など積極的な対応が求められている。児童養護施設などに配置されているファミリーソーシャルワーカー（家庭支援専門相談員）の積極的な活用が必要である（本書第6章参照）。

また，親子ぐるみの行事運営など，交流機会をとおした新たな関係づくりも試みられている。さらに，従来から実施されている長期休暇における一時帰宅においても家庭訪問を実施するなど，より手厚い支援が求められている。

事例　聴覚障害をもつFちゃんと父親との関係の調整

児童養護施設に勤めるEさん（保育士）は，Fちゃん（8歳）を担当している。Fちゃんは，聴覚障害があり聴こえにくいという特徴があったが，Fちゃんが家庭にいるころ，両親はその障害に気づかず，父はFちゃんに声掛けした際に反応のないことで，無視されたと勘違いして厳しい叱り方をくり返していた。また，母は軽度の知的障害をもっており夫の叱り方の是非を判断する力が乏しく，それを放置していた。また，4人きょうだいであったが，Fちゃんはきょうだいのなかでも「かわいらしくない」ということで，両親からの愛情も不足していた。

Fちゃんは小学校に入学してから担任の先生に家庭での虐待の状況を涙ながらに訴えたことから，児童相談所に一時保護されることになった。父は，児童相談所で児童福祉司からFちゃんの難聴という障害を聞いて驚き，過去の対応を悔いることになった。

児童養護施設では，母ときょうだいが訪ねてきて，Eさんの立ち合いのもと面会交流を行っている。まだ，Fちゃんの父への恐怖心がなくならないことから，父との面会交流は制限がかかっている。Eさんは父に，Fちゃん宛の手紙を書くように勧め，手紙による交流が始まったところである。

5──集団力学の活用原理

集団生活による児童への悪影響は，受動的なパーソナリティの形成や，時には施設内でのいじめのようなストレス状況，さらには，慢性的な欲求不満による早期退所願望などさまざまな形で現われてくることもある。そのために，集団養護の弊害を避けるための里親養育，あるいは，小舎制（地域小規模児童養

護施設など）養護の推進がなされている。1992年度に「児童養護施設分園型自活訓練事業」，2000年度に「地域小規模児童養護施設」，2004年度に「小規模グループケア」，2008年度からは小規模住居型児童養育事業（通称：ファミリーホーム）が開始されている。里親等による家庭（的）養護の拡大が不十分ななかで，施設の小規模化による養護形態のあり方の改善が模索されてきている。

　集団生活のマイナス面を是正し，逆に，集団のよい機能を用いて児童を支援しようとするのが，集団援助技術（グループワーク）である。

　日常生活の社会的養護のなかでは，集団のなかで児童が孤立したり排斥されないように，集団がどのように形成され，どのように変化しているのかを絶えず把握することが求められる。また，異年齢集団の形成により年長の子が下の子の面倒をみたり，仲間意識が醸成されるような配慮をしたりすることによって，家族的な雰囲気を形成し，誰にとっても心休まる居場所にしなければならない。

6 ──生活の快の原理

　生活の快とは，生活を活性化させることであり，具体的には心身を活性化させることにより生理的な満足感や心理的幸福感を実現することを意味する。

　そのために生活のなかで，自己表現ができる機会があること，おしゃれなどが自由にできること，自由に外出できる条件が整っていること，職員や入所者どうしのコミュニケーションが図られていること，室内で余暇を過ごすことができるような環境があること，屋外で身体をおもいきり動かせる機会があること，五感を刺激するような生活環境があること，教育・学習的な機会を十分もてること等々は，入所者の日々の心身の活性化にとって重要なサービスである。それらをまとめて「生活の快」の原理とよぶが，それらに関するサービスをアクティビティ・サービスとして充実させる必要がある。

　具体的には，物理的な環境の整備，週間プログラムや月間プログラムの計画化，利用者自治の推進，ボランティアの導入などでそれらを実現するくふうをしなければならない。計画をたてたり，ボランティアのコーディネートをしたり，かなり時間をとられるので，担当制にすることも考えられる。

　とくに，重症心身障害児施設においては，児童の残余機能をはたらかせるく

ふうによって，外界とのコンタクトを実現させたり，その機能の発現そのものによる快の向上を実現させることが重要である。

7——施設の社会化の原理

児童福祉施設と地域社会の関係のもち方を，施設の社会化，地域化という視点から考えるとき，次の3点の意義をそれぞれ考えることができる。

①児童にとっての意義
- ・入所前の生活との連続性（隔離というイメージの払拭）
- ・社会復帰のための社会性の確保
- ・非日常的な情緒の喚起
- ・社会参加の場の広がり
- ・施設の透明性の確保による人権擁護

②施設職員にとっての意義
- ・施設職員だけで支援するという閉鎖的な意識の打開
- ・社会資源活用の能力向上
- ・家族・近隣・ボランティア・コミュニティとともに協働する行動パターンの形成

③地域社会にとっての意義
- ・物理的・人的資源の活用
- ・家庭養育力の再生（要養護児童発生の予防など）
- ・福祉教育の場
- ・住民の価値観転換の情報基地（心のバリアフリーなど）

8——自己決定の原理

本章の1節でも述べたように，支援者のパターナリズムは児童の自己決定を阻害し，豊かな可能性の芽を摘み取る場合がある。それを自覚してこそ，支援者は児童の自己決定権の地平に足を乗せて支援を再考するようになるのである。

従来，多くの施設では，安全優先で児童のチャレンジを許さず，職員主導でプログラムをつくってこなかったであろうか。あるいは，知的障害があるからといって，男女交際を阻害しなかったであろうか。

　職員がよかれと思って計画したものが児童に不評で期待どおりに乗ってこず，職員にとっても児童にとっても無意味なものとなる経験が重ねられてきたのではなかったか。なぜそういうことになるかという一因は，その理由を深く考えず，子どもたちのせいにするばかりで，職員の勝手な解釈が続いてきたからである。もっと職員は児童を信頼して，彼らの自己決定を尊重すべきなのである。

　子どもたちは，常に受け身では，主体性・社会性などの人間性を伸ばすことはできない。また，一人ひとり異なる自分らしさの発揮の場がなかったら，自分の得意分野を伸ばすことができずに自己に自信をもてないだろう。

　社会的養護の日常においては，子どもたちが投げかける要求をすべて是認せよというのでなく，職員と子どもがともに考えることがたいせつなのである。「自分で部屋を選びたい」「自分で洋服を選びたい」などの一つひとつの場面で自分の判断力を鍛えることは，子どもたちのエンパワメントを図ることになる。

　この自己決定の原理は，支援者の駆使する各種のソーシャルワークにおいても，実践の大原則となる。それは，入所時のケースワークにおける「インフォームド・コンセント」から始まるといってよい。半ば強制的な入所を余儀なくされる状況のなかにあっては，転校，友人たちとの別れ，きょうだいとの別離などさまざまな心の葛藤があるはずである。それを自分の力で乗り越える時間と機会を与えないまま施設入所をさせたなら，新しい生活を受け入れることは容易でないにちがいない。

❸節　新しい「社会的養育」のビジョン

　この10年の間に，社会的養護（あるいは社会的養育）に関して，その基本理念の実現への道筋を示す大きな2つの報告書が出されている。それは，「社会的養護の課題と将来像」（厚生労働省，2011）と「新しい社会的養育ビジョン」（厚生労働省，2017）である（本書第2章・第8章参照）。また，この間になされた「児童福祉法」の改正は，新しい社会的養護の方向性に法的根拠を与えるものとなった。

　2011（平成23）年に「児童福祉施設最低基準」が「児童福祉施設の設備及び運営に関する基準」に名称変更されたが，それは，あくまで最低基準を定めた

もので，理念の実現の道筋をつけるものではない。「児童の権利に関する条約」に規定された「子どもの最善の利益」を第一義的なものとするならば，社会的養護の質と量の向上は急務であり，そのためのガイドラインが示される必要があった。

1 ——「社会的養護の課題と将来像」とそれに続く施設種別ごとの「施設運営指針」および「里親等養育指針」の作成

　厚生労働省内に施設種別ごとのワーキンググループが設置されて，2012年3月には以下の6つの指針がまとめられた。

①児童養護施設運営指針

②乳児院運営指針

③情緒障害児短期治療施設運営指針

④児童自立支援施設運営指針

⑤母子生活支援施設運営指針

⑥里親及びファミリーホーム養育指針

　これらの指針は，同じ児童福祉施設である保育所にとっての「保育所保育指針」に相当するものであり，その基本構成は，総論，各論に分かれ細目にわたって種別ごとに規定されている。とくに第二部「各論」は，第三者評価のガイドラインの評価項目に対応している。

　第一部「総論」において，社会的養護の施設等に共通する「基本理念」として「子どもの最善の利益のために」，「社会全体で子どもを育む」の2つを規定し，共通する「原理」として以下の6つの原理を定めた（詳細は本書第5章1節参照）。

①家庭的養護と個別化

②発達の保障と自立支援

③回復をめざした支援

④家族との連携・協働

⑤継続的支援と連携アプローチ

⑥ライフサイクルを見通した支援

　社会的養護の将来像として強調されたのは，まず家庭（的）養護の推進であ

り，その中身は地域における児童の養育と保護者の支援であり，また里親の推進であり，さらに施設の小規模化であった。

2―――「児童福祉法」の改正

2016（平成28）年の「児童福祉法」の改正は，まず，児童が権利の主体であることを明確にし（第1条），ついで児童の保護者への支援をはじめとして「家庭養育」が優先され，さらに「社会的養育」も家庭環境における養育への改善を求められている（第3条の2）。また，実親による養育が困難であれば特別養子縁組による永続的解決（パーマネンシー保障）や里親による養育を推進することを明確にした（第11条）。

3―――新しい社会的養育ビジョン

2017（平成29）年の「新しい社会的養育ビジョン」は，2011（平成23）年の「社会的養護の課題と将来像」を全面的に見直し，新たな工程を示すものであるとともに，前年に改正された「児童福祉法」の理念等を具体化するためのものでもあった。

わが国の「社会的養育」は新たに生まれ変わるために関係者が一丸となっての検討努力が続けられており，市区町村の役割強化と「社会的養育」との連携強化の下，児童と保護者を中心に据えた「社会的養育」の変革が進められていくことになる。

この変革期にあって，社会的養育のための養護原理は，施設職員だけでなく児童と保護者あるいは里親・地域の支援者にも共有されるべきであって，その原理をゆるぎないものとする多様な協働を生み出してほしいものである。

研究課題

1. 虐待を受けた児童の関係性の修復という課題に対して，どのような方法が考えられるだろう。社会的養護の基本原理に照らして考察してみよう。
2. 重症心身障害児に対しても，本章で列挙した社会的養護の基本原理をどのように適用することができるかどうか検討してみよう。
3. 施設の社会化は，入所児童にとって，あるいは，社会にとってどのような意義をもっているだろうか。事例をあげて検討してみよう。

推薦図書

●『福祉の思想』 糸賀一雄 日本放送出版協会

「生活の質」と「生活の快」

　量より質を求めるという消費行動が無視できないようになって，「生活の質
(QOL)」の理念は，ビジネスにおいては，商品開発から広告・販売にいたる
プロセスのなかで，ビジネス行為を規定する価値となってきた。しかし，福祉
サービス利用者とその供給主体にとっては，「生活の質」はまだ目標概念とし
てとどまっているのかもしれない。ただ，福祉サービス第三者評価事業が推進
されており，2004（平成16）年に国からその指針が出されている。その評価は，
利用者の評価，事業所の自己評価，そして第三者機関の評価を総合したもので
あるから，サービスの質を高める契機となることが期待される。

　さて，入所施設において不自由を余儀なくされている利用者にとってみれば，
その「生活の質」の向上は急務であり，日々の満足感，ひいてはその人の幸・
不幸を決定するほどの重大な課題であることはまちがいない。

　そこで，その理念をより具体的な原理として言語化し，そのことによって実
際のサービスに指針を示したい。そのために，「生活の快」の向上という概念
を説明する。「快」の向上とは，本章中でも述べたが心身の活性化を意味し，
乳幼児，少年，青年あるいは，心身障害児それぞれの身体的機能，精神的機能
を活性化することである。すなわち，それぞれの機能がよりよく発現し得るよ
う，環境を整えたり，日々のケアを改良したり，レクリエーショナルなプログ
ラムを計画化したりすることによって「生活の質」が向上するのである。この
ことは，高齢者福祉の領域ではアクティビティ・サービスという用語で語られ
つつあるが，サービスの質的向上という古くて新しい課題をあらためて検討し，
ひとつの支援の体系を確立しようという試みである。

　今日の施設利用者の要養護性や要介護度が高くなる現状にあって，一方の財
政難による職員数の頭打ちによって，サービスが低下するおそれが出てきてい
る。であるからこそ，従来から現場職員と利用者とのパートナーシップによっ
て改善されてきたサービスの質という問題を，ここであらためてふり返り，そ
の向上に寄与する実践の指針づくりが求められるのではあるまいか。

　地域に施設が溶け込み，近隣の共助が得られれば，入所児童や職員は孤立せ
ずにすむ。同時に，施設に寄与する住民やボランティアはそれを使命として生
きがいを得ることができるのだから，その互酬的な関係が相互の「生活の快」
を向上させることにつながる。

第4章
社会的養護の対象と体系

　1989年に国際連合が採択し，1994年に世界で195番めにわが国が批准した「児童の権利に関する条約」（子どもの権利条約）第20条には，「家庭環境を奪われた子どもの養護」が述べられている。それは，「家庭での適切な養育環境が奪われた，あるいはそれが望ましい環境にない子どもたちは，国によって与えられる特別の保護，援助を受ける権利を有する」とされるものである。

　もはや国際的な常識になったこの理念を，わが国が具現化しているのかが問われるのが，さまざまな児童福祉施設からなる施設養護および里親等の家庭（的）養護で構成される社会的養護の現場である。本章では，その社会的養護の対象となる子どもたち，そしてその社会的養護の各現場について，かかる理念を念頭に置きながら理解を深める。

1節. 施設での社会的養護の対象児童

1——施設での社会的養護とは

「養護」とは，養育と保護という言葉からなる，危険を除き保護し育てるという意味の言葉である。しかし，この言葉がわが国の教育・福祉分野でもつ意味は多様である。なぜならば，その言葉が向けられる対象が児童から高齢者までと幅広いからである。ここでは，「養護」の対象を児童全般に絞り，「社会的養護」とはいかなるものかをまず明らかにし，その「社会的養護」のなかに含まれる本章のおもなテーマである「施設での社会的養護」について述べる。

まず，「社会的養護」を広い意味で定義するならば，「児童福祉法」第1条（児童福祉の理念）および第2条（児童育成の責任）に明らかなように，わが国のすべての児童を対象とした養護である。そしてそれが行なわれる場は，児童それぞれの家庭であることはもちろんのこと，家庭での養育の機会と環境に恵まれない児童に対しては，それに代わる場が与えられる。すなわち，それぞれの家庭環境のなかで保護者によって行なわれる家庭養育と，それに対比される家庭環境以外の場で第三者がそれを補うという意味での社会的な養護とが，広義の「社会的養護」の意味である。

次に，「社会的養護」の意味を狭く定義するならば，それは今述べた社会的な養護の意味とほぼ同義なものとされている。具体的には児童福祉施設とよばれる環境での社会的養護，そして里親家庭とよばれる環境での社会的養護である。この定義は，国民の生存権を保障し，その義務を国に課した日本国憲法第25条に基づく「児童憲章」（1951年）の二，「すべての児童は，家庭で，正しい愛情と知識と技術をもって育てられ，家庭に恵まれない児童には，これにかわる環境が与えられる」をその根拠にもつ。

さて，わが国で「社会的養護」という場合，おもに今述べた児童福祉施設での社会的養護をさしていうのが一般的である。それでは，そのような児童福祉施設を利用する子どもたちについて次にみてみることにする。

2 ──施設での社会的養護を利用する児童

わが国において，各種児童福祉施設での社会的養護を利用する児童は，大別して以下に分けられる（本書第5章参照）。

①養育環境上に問題がある児童

②身体・知能に障害がある児童

③情緒・行動面に問題のある児童

具体的には，①の場合，親から虐待・放任されている児童，ひとり親，あるいは保護者のいない家庭の児童など，その立場において養護を必要とする児童。②の場合は，肢体不自由児，知的障害児，重症心身障害児，盲児，ろうあ児，とよばれるその身体上，知的能力発達上において障害のある児童。③の場合は，情緒に障害がある児童，不良行為・反社会的行為を行なう，あるいは行なうおそれのある児童である。

次に，上記①から③に大別される児童を，もう少し詳しくみていくことにしよう。

(1)　養育環境上に問題がある児童

養育環境上に問題があるといっても，その状態，そしてそれにいたる要因はさまざまである。生まれながらにして保護者をもたない児童，孤児，遺棄児や生後間もなく保護を受けられなくなった児童などがまず考えられる。そのような児童のおもな要因としては，かつては戦災孤児や貧困などの育児不能が多くを占めたが，現在では，母親の離婚・家出，ノイローゼなどの理由が多くなっている。このような児童の社会的養護の現場が「乳児院」とよばれる施設であり，2018年現在，138か所の施設を2869人が利用している。

また，たとえ児童に保護者がある場合でも，そこから適切な保護が受けられない場合がある。保護者の養育意志の欠如，保護者による虐待などの状況に置かれている児童である。近年わが国ではこの児童虐待が顕在化，問題化しつつある。全国の児童相談所が児童虐待として扱ったケースを，厚生労働省は平成2（1990）年度から集計しているが，その数は集計を開始した年度の1101件から，2018年度の15万9850件へと急増している（本書第1章図1-2参照）。

乳児を除いた，保護者のいない，また，いても適切な保護が受けられない児

童を対象とした社会的養護の現場が「児童養護施設」である。2018年現在，611施設で2万5829人が利用している。

　ところで，児童の健全な養育には，その主たる担い手である母親の心身上の健康が不可欠である。もし母親のそのような状態が著しく損なわれている場合，そのような状況下において養育される児童は，やはり養育環境上に問題が生じると考えられる。具体的には，離婚・未婚の母親，配偶者から暴力をふるわれるなどの状況下にある母親，そしてその児童である。「母子生活支援施設」とよばれるものが，このような場合の社会的養護の現場であり，2018年現在，222か所の施設があり，8322人が利用している。

　さらにまた，児童が初めてこの世に生を受ける出生環境も，児童の重要な養育環境といえる。狭い住環境，多子環境，不衛生など，経済的な理由などで，安全な出産ができない母親から生まれようとしている児童もまた，その当初の養育環境に問題が生じるといえるだろう。そのような境遇下にある母子の社会的養護の現場が「助産施設」であり，2018年現在，385か所の施設がある。

(2)　身体・知能に問題がある児童

　次に，身体に問題がある児童として盲ろうあ児をみていこう。いずれも，「身体障害者福祉法施行規則」別表障害程度等級表にある状態が適用されている。盲児とは両眼の視力が0.1以下で，その症状が固定した状態，一眼が失明し他眼の視力が0.6以下で，その症状が固定した状態にあるものとされている。ろうあ児とは，同様に等級表によれば，両耳の聴力が70デシベル以上のもの（40cmの距離において，普通の話し声が聞きとれないもの）である。

　次に，肢体不自由児であるが，肢体不自由とは，上肢（上腕・前腕・手），下肢（股関節から足）または体幹（上半身・頸部）のはたらきの永続的な障害，運動機能障害をさし，その主因には脳性麻痺などがある。

　知的機能に問題のある児童としては，知的障害児があげられる。知的障害とは，「児童福祉法」にも「知的障害者福祉法」にもその定義はないが，福祉行政上は一般に「知的機能の障害が発達期（概ね18歳まで）に現れ，日常生活に支障が生じているため，何らかの支援を必要としている状態にあるもの」としている。具体的な福祉行政施策上では，従来はIQ（知能指数）75以下のものをいうとされ，一般にIQ25ないし20以下を重度知的障害，IQ25ないし25〜

50を中度知的障害，IQ50〜75程度を軽度知的障害としている。しかし，今日ではいわゆるIQによる区別だけでなく，その日常生活能力との総合で判断されるようになってきている。

　また，障害のある児童のなかには，重度の肢体不自由と重度の知的障害とをあわせもっているものもいる。重症心身障害児とよばれる児童たちである。この場合，重度の知的障害とは具体的には，IQ35以下をさし，重度の肢体不自由とは，さきに述べた「身体障害者福祉法施行規則」別表障害程度等級表にある１・２級の状態をさす。

　盲ろうあ児，肢体不自由児，重症心身障害児，知的障害児とよばれる児童たちが利用する施設は，「児童福祉法」の改正により，2012（平成24）年４月より，障害種別の通園・入所施設がそれぞれ「障害児通所支援」および「障害児入所支援」として，一元化された（図４-１参照）。

(3) 情緒・行動面に問題がある児童

　社会的養護の対象とされる，情緒・行動面に問題がある児童とはどのような児童なのだろうか。まず，情緒障害とよばれる児童であるが，私たち一人ひとりが，その経験，思いから湧き起こす感情が，いわば情緒というものにあたる。私たちは日々，その時どき，その場面場面の情緒を，その場その場にふさわしいように表出したり抑制したりと，いわばコントロールしている。けれども，それがうまくできない児童がいる。そのため，対人関係がうまくいかず，家庭や学校，地域社会に適応できなくなり，施設での適切な養護が必要となるのである。このような児童の社会的養護の現場が，「児童心理治療施設」であり，2018年現在，47か所の施設があり，1405人が利用している。

　次に，行動面に問題がある児童であるが，この行動面の問題とは，一般に不良行為といわれる反社会的，反道徳的行為またはそれをなすおそれである。具体的には飲酒，喫煙，家出，窃盗，スリ，暴行，傷害，殺人などがあげられる。1997年の児童福祉法の改正前は「教護院」とよばれ，1997年の児童福祉法改正で「児童自立支援施設」と改名された施設がある。2018年現在，58か所あり，1294人が利用している。

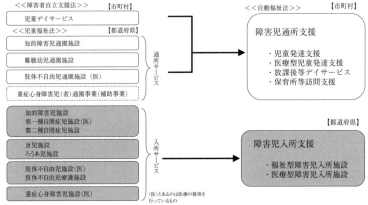

基本的な考え方

○ 身近な地域で支援が受けられるよう、どの障害にも対応できるようにするとともに、引き続き、障害特性に応じた専門的な支援が提供されるよう質の確保を図る。

見直しのポイント

○ 施設・事業所が円滑に移行できるよう、現行の基準を基本とするが、身近な地域で支援が受けられるよう、施設、事業所が障害児の状態等に応じて柔軟に対応できる仕組みとする。

○ 特に通所については、量的拡大を図る観点から、できる限り規制緩和するとともに、地域の実情に応じた整備を促す。

○ 障害特性に応じた専門的な支援が引き続き提供できる仕組とする。特に重症心身障害については児者一貫した支援を確保する。

○ 18歳以上の障害児施設入所者が、必要な障害福祉サービスを受けることができるよう障害福祉サービスの基準設定に当たって配慮する。必要に応じて、障害福祉サービスと一体的に行うことができる仕組を工夫する。

図4-1 障害児施設・事業の一元化のイメージと基本的な考え方（厚生労働省社会・援護局障害保健福祉部，2012）

2節．施設での社会的養護の体系と施設種別

　本節では，これまでみてきた社会的養護を必要とする子どもたちが，実際に利用しているさまざまな施設についてさらに個々に理解を深めることとする。

1――養育環境上に問題がある児童が利用する施設

(1)　乳児院

　児童福祉法第37条に規定される「乳児（保健上，安定した生活環境の確保その他の理由により特に必要のある場合には，幼児を含む。）を入院させて，これを養育し，あわせて退院した者について相談その他の援助を行うことを目的とする施設」である。このうち，利用する乳児が10人に満たない施設を「乳児預かり所」という。職員構成は，施設長以下，保育士，医師，看護師，栄養士，調理員，事務員となっており，定員が50人以上の施設では，薬剤師，放射線技師などが置かれる場合がある。2018年現在の入所定員数は3813人（前節掲載の利用者数と比較されたい。以下同じ）となっている。

(2)　児童養護施設

　児童福祉法第41条に規定される「保護者のない児童（乳児を除く。ただし，安定した生活環境の確保その他の理由により特に必要のある場合には，乳児を含む。），虐待されている児童その他環境上養護を要する児童を入所させて，これを養護し，あわせて退所した者に対する相談その他の自立のための援助を行うことを目的とする施設」である。児童福祉法成立以前は「孤児院」とよばれ，1997年の児童福祉法改正以前は「養護施設」とよばれていたように，名称の変化とともにその内容も変化している。

　職員構成は，施設長以下，児童指導員，保育士，栄養士，調理員，事務員，嘱託医などである。現在の「児童養護施設」は，従来までの施設内養護のほかに，退所後の各児童の自立を支援する役目も担っている。2018年現在の入所定員数は3万2000人となっている。

(3)　母子生活支援施設

　児童福祉法第38条に規定される「配偶者のない女子又はこれに準ずる事情にある女子及びその者の監護すべき児童を入所させて，これらの者を保護する

とともに，これらの者の自立の促進のためにその生活を支援し，あわせて退所した者について相談その他の援助を行うことを目的とする施設」である。職員構成は施設長以下，母子支援員，少年指導員，保育士，調理員などである。1997年の児童福祉法改正以前は「母子寮」と呼称されたこの施設も，その名称変更にともなって施設機能を，母親の就労支援，児童の健全育成支援など，母子の自立支援へと広げている。

(4) 助産施設

児童福祉法第36条に規定される「保健上必要があるにもかかわらず，経済的理由により，入院助産を受けることができない妊産婦を入所させて，助産を受けさせることを目的とする施設」である。助産施設は医療法に基づいてもいる施設であり，職員構成は分娩，看護などの専門職，産婦人科医，助産師，看護師からなっている。

2──身体・知能に障害がある児童が利用する施設

(1) 児童発達支援センター

①児童発達支援とは

児童発達支援の考え方とは，身近な地域の障害児支援の専門施設（事業）として，通所利用の障害児への支援だけでなく，地域の障害児・その家族を対象とした支援や，保育所等の施設に通う障害児に対し施設を訪問して支援するなど，地域支援に対応したあり方を指す。「児童福祉法」第6条の2の2第2項によれば，児童発達支援とは，「障害児につき，児童発達支援センターその他の厚生労働省令で定める施設に通わせ，日常生活における基本的な動作の指導，知識技能の付与，集団生活への適応訓練その他の厚生労働省令で定める便宜を供与すること」をいう。対象児童は，身体に障害のある児童，知的障害のある児童又は精神に障害のある児童（発達障害児を含む）であり，手帳の有無は問わず，児童相談所，市町村保健センター，医師等により療育の必要性が認められた児童も対象である。

②児童発達支援センターとは（「児童福祉法」第43条）

> 児童発達支援センターは，次の各号に掲げる区分に応じ，障害児を日々保護者の下から通わせて，当該各号に定める支援を提供することを目的とする施設とする。

　一　福祉型児童発達支援センター　日常生活における基本的動作の指導，独立自活
　　　に必要な知識技能の付与又は集団生活への適応のための訓練
　二　医療型児童発達支援センター　日常生活における基本的動作の指導，独立自活
　　　に必要な知識技能の付与又は集団生活への適応のための訓練及び治療

(2)　障害児入所施設

①障害児入所支援とは

　障害児入所支援とは，重度・重複障害や被虐待児への対応を図るほか，自立
（地域生活移行）のための支援を充実させ，重度・重複障害児や，被虐待児の
増加など，各施設における実態を考慮した支援である。18歳以上の者は障害者
施策（障害福祉サービス）で対応することになることをふまえ，自立（地域生
活移行）をめざした支援となっている。「児童福祉法」第7条の2によれば，
障害児入所支援とは，「障害児入所施設に入所し，又は指定医療機関に入院す
る障害児に対して行われる保護，日常生活の指導及び知識技能の付与並びに障
害児入所施設に入所し，又は指定医療機関に入院する障害児のうち知的障害の
ある児童，肢体不自由のある児童又は重度の知的障害及び重度の肢体不自由が
重複している児童（以下「重症心身障害児」という。）に対し行われる治療」
をいう。対象児童は，身体に障害のある児童，知的障害のある児童または精神
に障害のある児童（発達障害児を含む）であり，医療型障害児入所施設（後
述），入所等をする障害児は知的障害児，肢体不自由児，重症心身障害児であ
る。なお，施設入所には手帳の有無は問わず，児童相談所，市町村保健センタ
ー，医師等により療育の必要性が認められた児童も対象である（引き続き，入
所支援を受けなければその福祉を損なうおそれがあると認めるときは，満20歳
に達するまで利用することができる）。

②障害児入所施設とは（「児童福祉法」第42条）

　　障害児入所施設は，次の各号に掲げる区分に応じ，障害児を入所させて，当該各号
　に定める支援を行うことを目的とする施設とする。
　一　福祉型障害児入所施設　保護，日常生活の指導及び独立自活に必要な知識技能
　　　の付与
　二　医療型障害児入所施設　保護，日常生活の指導，独立自活に必要な知識技能の
　　　付与及び治療

3──情緒・行動面に問題のある児童が利用する施設

⑴　児童心理治療施設

　児童福祉法第43条の2に規定される「家庭環境，学校における交友関係その他の環境上の理由により社会生活への適応が困難となった児童を，短期間，入所させ，又は保護者の下から通わせて，社会生活に適応するために必要な心理に関する治療及び生活指導を主として行い，あわせて退所した者について相談その他の援助を行うことを目的とする施設」である。医師，セラピストによる心理療法，保育士などによる生活指導，学校教育などの児童へのケアと，カウンセリングなど保護者へのケアの両面での養護が展開されている。2018年現在の施設数は47，入所定員数は1996人となっている。

⑵　児童自立支援施設

　児童福祉法第44条に規定される「不良行為をなし，又はなすおそれのある児童及び家庭環境その他の環境上の理由により生活指導等を要する児童を入所させ，又は保護者の下から通わせて，個々の児童の状況に応じて必要な指導を行い，その自立を支援し，あわせて退所した者について相談その他の援助を行うことを目的とする施設」である。児童自立支援専門員，児童生活支援員が現場での養護を担当している。2018年現在の施設数は58，入所定員数は3665人となっている。利用者の約7割が中学学齢期の児童である。

4──その他の社会的養護の現場

　本節ではこれまで，そこを利用する児童の特徴別に，社会的養護施設を紹介してきた。しかしながら，わが国の社会福祉法制上からいえば，施設養護の現場は，児童福祉法第7条に掲載されている，すべての「児童福祉施設」となる。具体的には，これまで紹介した施設のほかに，保育所，幼保連携型認定こども園，児童厚生施設，児童家庭支援センターを含めた12施設となる。また，これらの施設は，「児童福祉施設の設備及び運営に関する基準」により，それぞれの施設の設備，職員，運営などに基準が設けられている。本書では，第1章の図1-1のように，社会的養護の施設養護体系には，それらの施設は含めていないので省略する。

③節. 家庭（的）養護

　社会的養護には，前節までみてきた施設養護分野のほかに，家庭（的）養護とよばれる分野がある。本節では，その分野について解説する。

　家庭（的）養護の種類には，「里親（養育里親・専門里親）」「小規模住居型児童養育事業（ファミリーホーム）」「養子縁組」がある。

1——里親

(1)　里親の種類

〔養育里親〕

　各自治体からの委託を受け，一定期間みずからの家庭において要保護児童の養育を行なうもの。

〔専門里親〕

　とくに家庭での親密な援助関係を必要とする虐待を受けた児童に対し，施設では提供できない家庭的な援助を提供することにより，家庭復帰を前提として問題の改善や治療を図り，自立を支援することを目的とするもの。

〔養子縁組里親〕

　保護者のいない児童や，家庭での養育が困難で実親（生みの親）が親権を放棄する意志が明確な場合の養子縁組を目的としたもの。

〔親族里親〕

　児童の親が死亡，行方不明，拘禁，入院や疾患などで養育できない場合の3親等以内の親族によるもの。

(2)　里親登録（認定）の基本的要件

　　・要保護児童の養育についての理解や熱意，児童に対する豊かな愛情を有していること
　　・経済的に困窮していないこと（親族里親は除く）
　　・里親本人またはその同居人が欠格事由（成年被後見人または被保佐人等）に該当していないこと

(3)　里親研修カリキュラムの概要

　①基礎研修：1日＋実習（児童福祉施設見学）1日程度。里親制度の意義と

役割の理解。今日の要保護児童と状況の理解。里親に求められるものの共有。

②認定前研修：2日＋実習（児童福祉施設・里親）2日程度。社会的養護の担い手である里親として，児童の養育を行なうために必要な知識，養育技術の習得。当研修修了により養育里親として認定。

③更新研修：1日程度。養育里親として児童の養育を継続するために必要な知識と新情報の習得。

2——小規模住宅型児童養育事業（ファミリーホーム）

家庭での養育が困難な児童を里親，児童養護施設職員等養育者が，みずからの家庭で養育するもの。基本的生活習慣の獲得，人間性・社会性等の育成を経て，将来の自立生活をめざす。根拠法は「児童福祉法」第6条の3第8項である。職員の配置は，養育者2名（配偶者）＋補助者1名，または養育者1名＋補助者2名である。2018年現在のファミリーホーム数は347か所，委託児童数は1434人である。

3——養子縁組

〔普通養子縁組〕

戸籍上，養親，実親が並記され，実親との法律上の関係が残る縁組である。養親と養子の同意により成立し，戸籍には実親の名前が記載され，養子の続柄は，養子・養女と記載される。

〔特別養子縁組〕

子どもの福祉増進を図るために，養子となる子の実親との法的親子関係を解消し，養親の実の子として親子関係を結ぶ縁組である。戸籍の記載は実親とほぼ同様の縁組であり，1898（明治31）年に始まった上記「普通養子縁組」の後，1988（昭和63）年にスタートした。養親の請求に対し家庭裁判所の決定により成立する。養親の条件は原則25歳以上で配偶者がある者，養子の条件は原則6歳に達していない者である。戸籍には，実親の名前は記載されず，養子の続柄は長男・長女と記載される。

　「家庭（的）養護」の現状を，里親委託率について世界的視野からながめてみると，オーストラリアの93.5% に対し，わが国は12.0% と OECD 諸国最低の水準にある（厚生労働省，2014）。「安定した家庭を児童に保証すること，及び養護者に対する安全かつ継続的な愛着心という児童の基本的なニーズを満たすことの重要性」についての国連のよびかけ（国連決議「児童の代替的養護に関する指針」2009年）に，今一度注意を喚起したい（本章第2章参照）。

 研究課題

1. 児童養護施設などでの職員の実際の勤務人数を昼と夜に分けて調べてみよう。
2. 障害児入所施設と特別支援学校の関係について調べてみよう。
3. 児童福祉施設で働く職員に望まれる専門性と，「児童福祉施設の設備及び運営に関する基準」に規定されている職員の種別の関連性を考えてみよう。

推薦図書

● 『福祉の仕事に就く人に，絶対に読んでほしい55の言葉』阿部美樹雄　大揚社
● 『施設・里親から巣立った子どもたちの自立―社会的養護の今』武藤素明（編著）　福村出版
● 『子どもが語る施設の暮らし』『子どもが語る施設の暮らし』編集委員会（編）　明石書店
● 『子どもが語る施設の暮らし2』『子どもが語る施設の暮らし』編集委員会（編）　明石書店
● 『社会的養護のもとで育つ若者の「ライフチャンス」』永野咲　明石書店

Column 4
里親制度の現状

現在までのわが国の里親制度の流れをふり返ってみると，以下のようになる。

2002（平成14）年度：親族里親，専門里親を創設する
2008（平成20）年度：「児童福祉法」改正により，養育里親と，養子縁組を希望する里親と
を制度上区分する
2009（平成21）年度：養育里親と専門里親の研修を義務化する
2017（平成29）年度：里親新規開拓から委託児童の自立支援まで一貫した里親支援を都道
府県（児童相談所）の業務として位置づけるとともに養子縁組里親を法律化し，研修を
義務化する

里親制度の現状は以下のとおりである（厚生労働省子ども家庭局，2018）。

	養育里親	専門里親	養子縁組里親	親族里親
登録里親数（世帯）	9073	689	3798	526
委託里親数（世帯）	3180	167	309	513
委託児童数（人）	3943	202	301	744

　里親手当（月額）は，養育里親86000円（2人目以降43000円），専門里親137000円（2人目以降94000円）であり，ほかに一般生活費（食費，被服費等）が乳児1人あたり月額58570円，乳児以外月額50800円支給される。
　里親等委託率（里親・ファミリーホーム委託児童数／乳児院入所児＋児童養護施設入所児・里親・ファミリーホーム委託児）は，2007（平成19）年度末の10.0％から2017（平成29）年度末の19.7％へと推移してきているが，各都道府県の詳細データによると，57.5％の新潟市と9.6％の秋田市まで，地域的には大きな差がみられる（厚生労働省子ども家庭局，2019）。
　里親の年齢は，里父の場合，60歳以上（31.9％），50〜59歳（27.0％），40〜49歳（22.9％），39歳未満が5.1％，里母の場合，60歳以上（29.7％），50〜59歳（32.6％），40〜49歳（28.6％），39歳未満が6.7％であり，いずれも中高年の割合が高い（厚生労働省子ども家庭局，2020）。
　里親の年間平均所得金額は，594.4万円であり，一般家庭の551.6万円とあまり差はみられない。

第5章
施設での社会的養護の支援内容

　本章では，社会的養護施設で行なわれる支援内容の概要について整理していく。社会的養護施設で支援を受ける児童は，これまでの家庭生活や育ちのなかでさまざまな困難や生きづらさを抱えながら生活していることが多い。

　このため，施設では一人ひとりの児童のこれまでの生活歴や課題を丁寧に紐解き，児童の最善の利益を図るために支援が行なわれている。また，児童の育ちを施設のみで考えるのではなく，家庭での児童の育ちや，必要に応じて里親や関係機関との連携を図りながら支援が進められている。

　施設での支援内容を学ぶことで，施設や職員（支援者）が児童とどのように向き合っているのかを考え，児童への支援観を深めるきっかけにしていきたい。

1節　社会的養護施設における支援の基本

1 ――社会的養護施設における基本的な視点

　社会的養護施設（以下，施設）では，家庭における虐待や養育困難な状況により家庭で生活することができなくなった児童や，やむを得ず家庭での子育てを一時的または一定の期間支えることが必要となった児童を，保護者に代わり受け入れて幅広く支援を行なっている。とりわけ，入所型の施設の場合，児童たちが施設に来るまでに，困難や傷つき体験があることを意識して関わるということである。その例として，最も身近であるべき保護者や家族，友人，学校や保育施設等の関係者，地域住民などとの別れや，虐待や養育拒否，貧困状態の中で生活している家庭の児童であれば生活のしづらさなどがあげられる。このように，これまでの児童の多様な経験の中で心身ともに負担が生じている場合や，過去の経験が十分に児童自身で受け止めきれずに消化できていない場合は，児童のこれからの成長・発達や将来にわたる大きなダメージを与えてしまうと懸念される。

　このことから，施設では本来家庭が果たすべき衣食住といった日常的な生活を中心に支援するのは当然のことながら，保護者に代わり職員が児童たちに愛情を注ぎながら関わり，これまでの児童たちの生い立ちをきちんと受け止め，今後の人生を見据えながら生活することができるよう長期的に自立を支援している。このほか施設では，他の児童たちも生活しているという人的環境での特性や，児童の心身の安心・安全が守られるよう，日常生活支援を中心に行なう児童指導員や保育士だけではなく，心理療法担当職員や個別対応職員，家庭支援専門相談員などといった専門職の配置を含めた支援環境の特性などがあることが特徴といえる。これらの幅広い支援をとおして，児童一人ひとりが安心感を持ちながらたいせつにされる体験を積み重ね，児童の権利保障や，身近な人々との信頼関係を構築し，児童の自己肯定感（自尊心）を育むことが重要である。

2——社会的養護施設における支援の考え方

2012（平成24）年3月に，厚生労働省が施設の類型別（児童養護施設・乳児院・情緒障害児短期治療施設（現：児童心理治療施設）・児童自立支援施設・母子生活支援施設）の運営指針と里親及びファミリーホーム養育指針を発出した。これは，施設等における養育・支援の内容と運営に関する指針を定めたものであり，施設類型別の運営理念や方法，手順などを社会に広く開示することにより，質の確保・向上と説明責任を果たすことをねらいとして作成された。

このなかで示されている「社会的養護の原理」の項目では，社会的養護の考え方として，支援を必要とする児童と家庭に対する支援の柱である以下の6点が具体的に述べられている。

(1)　家庭的養護と個別化

すべての児童は，適切な養育環境で，安心して自分をゆだねられる養育者によって，一人ひとりの個別的な状況が十分に考慮されながら養育されるべきで，児童たちに「あたりまえの生活」を保障していくことが重要である。このため，家庭あるいはできる限り家庭的な環境において，個々の児童の育みを丁寧かつきめ細かく進めていくための個別化を行なう必要がある。

(2)　発達の保障と自立支援

社会的養護は，将来に向けた人生をつくり出す基礎となるよう，児童期の健全な心身の発達保障をめざして行なわれ，とくに，人生の基礎となる乳幼児期では，愛着関係や基本的な信頼関係の形成が重要である。このため，児童の自立や自己実現をめざして，児童の主体的な活動をたいせつにするとともに，さまざな生活体験をとおして，自立した社会生活に必要な基礎的な生きる力を形成していく。

(3)　回復をめざした支援

虐待体験や分離体験などによる悪影響からの癒しや回復をめざした心理的ケアなどの治療的な支援が必要である。また，児童らは家族や慣れ親しんだ地域の人々との分離なども経験しており，心の傷や深刻な生きづらさを抱えている。さらに，情緒や行動，自己認知，対人関係でも深刻なダメージを受けていることが少なくない。このため，児童たちが安心感をもてる場所で，たいせつにさ

れる体験を積み重ね，信頼関係や自己肯定感（自尊心）を育んでいけるようにする。

⑷　家族との連携・協働

保護者の不在，養育困難，不適切な養育や虐待の問題を抱える児童のほか，児童を適切に養育することができない保護者，配偶者等による暴力（ドメスティック・バイオレンス）により適切な養育環境を維持できず，困難な状況におかれたままの親子がいる。こうした児童や保護者の問題状況の解決や緩和をめざして，保護者を支えながら，あるいは親に代わって，児童の成長・発達を保障していく包括的な取り組みをする。

⑸　継続的支援と連携アプローチ

社会的養護では支援のはじまり（入所前後）からアフターケアまで継続した支援と，できる限り特定の養育者による一貫性のある養育が望まれる。また，行政機関や施設，里親等の社会的養護の担い手が，それぞれの専門性を発揮しながら，緊密に連携し合って，一人ひとりの児童の社会的自立や家庭再統合を目指していくことが求められる。これらの過程は，いわば"つながりのある道すじ"として児童自身にも理解できるようなものとする。

⑹　ライフサイクルを見通した支援

社会的養護の下で育った児童たちが社会に出てからの暮らしを見通した支援を入所段階から行なうとともに，職員や里親が，入所や委託を終えた後も長く関わりをもち続け，信頼される存在になっていくことが重要である。また，虐待を受けた児童や，貧困の状況下で生活してきた児童が成長し，親世代になった際に，再び自身の児童へ虐待することや貧困状態とならないように，虐待や貧困の世代間連鎖を断ち切っていけるような幅広い支援を行なう。

施設は，施設の目的や理念，対象者，規模，設置者により幅広く多岐にわたっている。しかしながら，国（厚生労働省）が示した上記の考え方は，施設類型を超えて取り組むべき内容であり，社会的養護を担う使命と責任があるといえる。

3——家庭（的）養護と個別化を意識した社会的養護施設における支援

　児童が育つうえでは児童の個別的な状況が十分に考慮しつつ，児童みずからの意思がたいせつにされながら，児童を丸ごと受け止めるような環境が不可欠である。当然，施設においても可能な限り一人ひとりの児童に対して身近な支援者がいることがたいせつであることから，家庭やできる限り家庭に近い養育環境が重要である。一方で，従前は施設で多くの児童が共に生活するといった大規模な生活単位の施設が大半を占めていた。しかしながら，児童にとって必要なよりよい養育環境は，今までのような多くの児童たちがともに生活するといった環境ではなく，児童自身が愛情を受けながらたいせつにされていると実感できるような家庭や，できる限り家庭に近い小規模な生活単位を基本とすることが大事である。

　たとえば児童養護施設の場合，国は以前の大舎制（1舎の定員が20名以上）中心から小舎制（1舎の定員が12名以下）中心へと大きく方向を変えている（なお，1舎の定員が13名から19名までの施設を中舎制という）。また，地域小規模児童養護施設（施設外の地域の民間住宅などを活用して原則6名以内の児童が生活する施設）や，小規模グループケア（施設をユニットなどで分け，可能な限り家庭的な環境のなかで生活する養育形態）を推進している。

　このほか，1室の定員についても以前は15名以下であったものを4人以下（乳幼児のみの居室の場合は6人以下）とするとともに，施設によっては高年齢の児童を中心に個室（1人部屋）とするなど，児童のプライバシーの確保を含めた生活環境の向上を図っている。これらの生活環境の整備を進めていきながら，個々の児童の育みを丁寧かつきめ細かく進めていけるよう，個別化を意識して支援することが職員には求められる。

4——社会的養護施設における自立支援

　施設での支援は，児童の自立と自己実現をめざして行なわれるものである。一方で，施設は施設に入所中の児童のみを対象とせず，地域の子育て家庭からの相談に応じるなど，一般家庭で生活する児童も含めて幅広く支援している。

　このほか，やむを得ず施設入所にいたった児童についても，家庭再統合が可

能な場合は，早期に家庭復帰できるよう家庭支援専門相談員が中心となって家庭環境の調整を行なっている。また，家庭再統合がむずかしいケースの場合は，児童の状況に応じて里親への委託や，進学や就職をめざしながら施設から自立することも視野に入れながら支援を続けていく。このように児童の現在の状況だけでなく，将来について見通しをもつことが何よりもたいせつである。そのため，職員は，児童の生活目標について短期的な支援の視点だけでなく，中・長期的な支援の視点を踏まえるとともに，児童や児童の生活を取り巻く環境を一体的にとらえて支援することが必要である。このため，児童の支援を進める際には，支援に関するケース記録の作成とともに，自立に向けた支援計画が施設ごとに立てられている（表5-1）。

　自立支援計画においては，児童相談所から施設や里親での支援が切れ目のないように引き継ぐとともに，その後の支援の方向性が示されている。また，この自立支援計画は1度作成したものを長期的に使用するのではなく，定期的あるいは必要に応じて見直しや修正を行なうなど，一人ひとりの児童の個性や生活実態にあわせたものになるように配慮されている。

事例　社会的養護における自立支援の事例
- 家族構成…子：北大路京美（10歳）　父：東雄（36歳）母：西子（37歳）
- 家庭状況…京美は前夫と西子の子。西子は前夫と8年前に離婚後，京美が5歳の頃に東雄と再婚。その当時，東雄は京美をかわいがろうとしたが，京美は東雄と性格的に合わず，関係性をうまく築くことができなかった。
- 入所理由…虐待（ネグレクト）。自宅でまともに食事が摂れていないことを小学校の担任が気づき，市を通して児童相談所に通告。児童相談所による調査の結果，京美がなつかないことにたいして，父の東雄がかわいく思えず意図的に距離を置いていたことが判明。いっぽうの母の西子は東雄への依存心が強いことや，料理を作ることが苦手であり，京美が小学校に入学後にたびたび食事代を机の上に置いた状態のまま京美を自宅に残し東雄と2人で外食することがあった。しかしこの数か月は京美の食事代を机の上に置き忘れることもあり，京美が食事をまともに摂ることができない日があった。
- 自立支援計画作成までの段階…児童相談所での一時保護の後，児童養護施設中まちの家に入所し，3か月が経過。父母はこれまでの養育態度について反省しており，可能であれば再び3人で生活したいと言っている。いっぽうの京美も安心できる環境で少しずつ気持ちの整理を行ないつつある。今後の家庭復帰も視野に入れた形での自立支援計画である。

表5-1　児童養護施設の自立支援計画の記入例

自立支援計画票

施設名　児童養護施設　中まちの家　　　　　　　　　　　　　　　　作成者名　南森　中奈

子ども氏名 （フリガナ）	北大路　京美 （きたおおじ　きょうみ）	性別	女	生年月日	2010 年 4 月 30日 （10歳）
保護者氏名	北大路　東雄・西子	続柄	父母	作成年月日	2020 年 5 月 10 日
主たる問題	父母による虐待（ネグレクト）				
本人の意向	父母（特に母）と一緒に生活したいという思いが強く，家庭での生活を希望している。また，施設入所以前に通学していた小学校の友達や担任にも早く会いたい気持ちが強い。				
保護者の意向	父は京美との関係性を上手く築くことができなかったこと，母は父への依存心が強く京美の子育てへの関与が弱かったことの反省を元に，父母で協力しながら子育てをしたいと考えている。				
市町村・保育所・学校・職場などの意見	学校としては関係機関と情報共有しながら，継続して支援したいと考えている。このほか，主任児童委員の意見として，近隣住民との関係があまりよくなかったことから，市と連携を取りながら定期的な家庭訪問を行いたい。				
児童相談所との協議内容	施設入所から3か月が経過し，本児および保護者ともに冷静に気持ちの整理を行い，以前の家庭生活および親子関係の課題も明確化できつつある。今後は，再発防止を含めた十分な支援体制を構築することによって家庭復帰できるようにしていきたい。				
【支援方針】	虐待による心理的回復プログラムの実施と学習習慣の獲得を含めた生活再建の実施，親子関係の再構築を図るための保護者支援，地域における支援体制の構築を進めながら家庭復帰を目指す。				

第2回　支援計画の策定及び評価　　　次期検討時期：2020年9月

子ども本人

【長期目標】　虐待経験からの回復を図る。

	支援上の課題	支援目標	支援内容・方法	評価（内容・期日）
【短期目標（優先的重点課題）】	虐待経験についての心理面のケアができていない。	ネグレクトを受けたことの辛さを含めた思いの吐露ができるようにする。	・担当職員との個別的な関わりを設ける。 ・心理療法担当職員によるプレイセラピーとカウンセリングの実施。	年　　月　　日
	学習意欲の低下。	学習意欲を喚起し，学習意欲を高める。	・担当職員と学習ボランティアによる学習機会を確保する。 ・本児と担当職員により日々の学習目標を立てて取り組み，達成できた際に褒める。	年　　月　　日
				年　　月　　日

家庭（養育者・家族）			
【長期目標】　家族再統合に向けて健全な親子関係を形成する。			
	支援上の課題	支援目標	支援内容・方法	評価（内容・期日）

	支援上の課題	支援目標	支援内容・方法	評価（内容・期日）
【短期目標（優先的重点課題）】	子育てを含めた生活全般の支援体制の構築ができていない。	子育てを含めた生活に関する相談体制を形成する。	・家庭支援専門相談員を中心に児童相談所，市の福祉事務所と協議し，父母への子育てを含めた生活全般に関する相談体制を具体的に構築する。	年　　月　　日
	親子関係の再構築ができていない。	親子関係の再構築を図る。	・本児，父母の意向を把握しながら，施設の親子訓練室で生活し，その様子を踏まえて週末帰省や学校の長期休業中の長期帰省を試みる。	年　　月　　日
			・父母，特に父と本児との関係性に課題が見られるため，児童相談所が行う虐待を行う親を対象としたペアレントトレーニングへの参加を促す。	年　　月　　日

地域（保育所・学校等）			
【長期目標】　地域における支援体制を整える。			

	支援上の課題	支援目標	支援内容・方法	評価（内容・期日）
【短期目標】	家庭と地域との関係性が希薄である。	日頃の生活で家庭が孤立しないよう地域との関係性を構築する。	・主任児童委員と担当の民生児童委員を中心に，見守りや定期的な家庭訪問を実施する。	年　　月　　日
				年　　月　　日

総　合			
【長期目標】　家族再統合を目指す。			

	支援上の課題	支援目標	支援内容・方法	評価（内容・期日）
【短期目標】	家族再統合の見通しが立っていない。	自立支援計画に基づいた支援に基づき，全体像を把握した上で今後の方向性を示す。	・それぞれの支援状況について，施設・児童相談所で情報共有を行い，家庭復帰の実現に向けた工程を検討する。	年　　月　　日

【特記事項】

＊表中の名称はすべて仮名

2節　社会的養護施設の類型と支援概要

　施設のそれぞれの概要は表5-2の通りである。これらの施設はすべて児童福祉法の第7条で定められている施設であり，施設により対象となる児童や利用者が異なっている。また，入所型施設の利用形態として，措置入所（法律に基づく行政による処分）や，障害児施設については利用契約方式（児童の保護者の申請に基づいて施設利用できるもの）がある。なお，それぞれの施設の設備や基準，職員配置等は表5-3の通りである。

表5-2　児童福祉施設の目的・対象・内容（浅倉・峰島，2010；柳澤，2014より作成）

種別と根拠法令	発足年度	目的・機能（主なもの）	対象	主な支援内容
助産施設（児童福祉法36条）☆	1947	入所させて助産を受けさせる。	・保健上必要があるにもかかわらず，経済的理由により，入院助産を受けることができない妊産婦	・産科手術を必要とする異常分べんをするおそれのあるときは，速やかに第一種助産施設その他適当な病院又は診療所に入所させる
乳児院（児童福祉法37条）☆	1947	入院させて養育。退院した者についての相談。その他の援助。	・乳児（満1歳未満）保健上，安定した生活環境の確保その他の理由により特に必要のある場合には，幼児を含む	・養育は，心身及び社会性の健全な発達を促進し，その人格の形成に資する・乳幼児の年齢及び発達の段階に応じて，必要な授乳，食事，排泄，沐浴，入浴，外気浴，睡眠，遊び，運動，健康状態の把握，健康診断，感染症等の予防処置・自立支援計画の策定・乳幼児の家庭の状況に応じ，親子関係の再構築等が図られるように養育家庭環境を調整
母子生活支援施設（児童福祉法38条）☆	1947	保護。自立の促進のために生活を支援。退所した者に対しての相談。その他の援助。	配偶者のない女子又はこれに準ずる事情にある女子，その者の監護すべき児童	・生活支援（母子を共に入所させる施設の特性を生かしつつ，親子関係の再構築等と退所後の生活の安定を図る）・個々の母子の家庭生活及び稼働の状況に応じ，就労，家庭生活，児童の養育に関する相談，助言，指導・関係機関との連絡調整を行うなど，自立を促進
保育所（児童福祉法39条）○	1947	日々保護者の下から通わせて保育を行う。	・保育を必要とする乳児，幼児・保護者（子育て支援）	・厚生労働大臣が定める保育所保育指針に基づき，養護及び教育を一体的に行う
幼保連携型認定こども園（児童福祉法39条の2）○	2006	教育と保育を一体的に行う。心身の発達を助長。保護者に対する子育ての支援。	・満3歳以上の幼児・教育・保育を必要とする乳児・幼児・保護者（子育て支援）	・内閣府・文部科学省・厚生労働省が定める幼保連携型認定こども園教育・保育要領に基づき，教育及び保育を行う・義務教育及びその後の教育の基礎を培う・健やかな成長が図られるよう適当な環境を与える
児童厚生施設（児童福祉法40条）○①児童館②児童遊園	1947	児童に健全な遊びを与えて，健康を増進し，情操をゆたかにかにする。	・児童・児童の保護者（子育て支援）	・遊びの指導は，児童の自主性，社会性及び創造性を高め，地域における健全育成活動の助長を図る

児童養護施設 （児童福祉法 41条） ☆	1947	養護。退所した者に対する相談。その他の自立のための援助。	・保護者のない児童 （乳児を除く。ただし、安定した生活環境の確保その他の理由により特に必要のある場合には乳児を含む） ・虐待されている児童 ・その他環境上養護を要する児童	・養護は、安定した生活環境を整えるとともに、生活指導、学習指導、職業指導、家庭環境の調整を行い、児童を養育することにより、児童の心身の健やかな成長とその自立を支援する ・学校、児童相談所、関係機関との連携
障害児入所施設 （児童福祉法 第42条） ○ ①福祉型障害児入所施設 ②医療型障害児入所施設	2012	①保護、日常生活の指導、独立自活に必要な知識技能の付与。 ②保護、日常生活の指導、独立自活に必要な知識技能の付与、治療。	障害児 ・身体に障害のある児童 ・知的障害のある児童 ・精神に障害のある児童 ・治療方法が確立していない疾病、その他の特殊の疾病で障害の程度が厚生労働大臣が定める程度である児童	・生活指導 ・学習指導 ・職業指導 ・入所支援計画の作成 ・保護者等との連絡 ・健康診断 ・心理学的、精神医学的診査
児童発達支援センター （児童福祉法 43条） ☆ ①福祉型児童発達支援センター ②医療型児童発達支援センター	2012	①日常生活における基本的動作の指導、独立自活に必要な知識技能の付与、集団生活への適応のための訓練。 ②日常生活における基本的動作の指導、独立自活に必要な知識技能の付与、集団生活への適応のための訓練、治療。	障害児 ・身体に障害のある児童 ・知的障害のある児童 ・精神に障害のある児童 ・治療方法が確立していない疾病その他特殊の疾病で障害の程度が厚生労働大臣が定める程度である児童	・生活指導 ・学習指導 ・職業指導 ・機能訓練 ・生活指導及び計画の作成 ・保護者等との連絡 ・健康診断 ・心理学的・精神医学的の診査
児童心理治療施設 （児童福祉法 43条の２） ◎	1961	短期間入所、または保護者の下から通わせて、社会生活に適応するために必要な心理に関する治療及び生活指導。退所した者について相談。その他の援助。	・家庭環境、学校における交友関係その他の環境上の理由により社会生活への適応が困難となった児童	・心理療法 ・生活指導 ・家庭環境の調整 ・自立支援計画の策定 ・関係機関との連携
児童自立支援施設 （児童福祉法 44条） ◎	1947	入所、または保護者の下から通わせて、個々の児童の状況に応じて必要な指導を行い、自立を支援。退所した者について相談。その他の援助。	・不良行為をなし、又はなすおそれのある児童 ・家庭環境その他の環境上の理由により生活指導等を要する児童	・生活指導 ・職業指導 ・学科指導 ・家庭環境の調整 ・自立支援計画の策定 ・関係機関との連携 ・心理学的、精神医学的の診断
児童家庭支援センター （児童福祉法 44条の２） ☆	1998	地域の児童の福祉に関する各般の問題につき、児童に関する家庭その他からの相談のうち、専門的な知識及び技術を必要とするものに応じ、必要な助言を行う。市町村の求めに応じ、技術的助言その他必要な援助。児童相談所、児童福祉施設等との連絡調整その他厚生労働省令の定める援助。		・支援に当たっては、児童、保護者その他の意向の把握に努める ・関係機関との連携

注：1）☆は入所施設、○は通所施設、◎は入所・通所併設
　　2）発足年度は、児童福祉法あるいは児童福祉施設最低基準に明文化された早いものを採用している。
　　3）主な支援内容は、児童福祉施設の設備及び運営に関する基準に基づき作成。

表5-3 児童福祉施設の設備や職員等の基準（柳澤，2014を一部改変）

施設種別と児童福祉施設最低基準の根拠条項	設備	居室等の基準	職員の職種	職員の配置基準
(1)助産施設 (15条~18条)	①第一種助産施設とは，医療法の病院又は診療所である助産施設をいう。	医療法の規定による。		医療法の規定による。
	②第二種助産施設とは，医療法の助産所である助産施設をいう。		[第二種助産施設] 医療法に規定する職員，1人以上の専任又は嘱託の助産師，嘱託医は相当の経験を有する産婦人科医師	
(2)乳児院 (19条~25条)	寝室，観察室，診察室，病室，ほふく室，相談室，調理室，浴室，便所	寝室の面積：乳幼児1人につき2.47㎡以上	小児科診療に相当の経験を有する医師又は嘱託医，看護師（保育士又は児童指導員），個別対応職員，家庭支援専門相談員，栄養士，調理員，心理療法担当職員	看護師の数： [満2歳未満] 乳幼児1.6人につき1人以上
		観察室の面積：乳児1人につき1.65㎡以上		[満2歳以上満3歳未満] 幼児2人につき1人以上
				[満3歳以上] 幼児4人につき1人以上
(3)母子生活支援施設 (26条~31条)	母子室，集会・学習等を行う室，相談室。母子室には調理設備，浴室，便所を設ける（1世帯につき1室以上）	母子室の面積：30㎡以上	母子支援員，嘱託医，少年を指導する職員，調理員，心理療法担当職員，個別対応職員	母子支援員の数： 母子10世帯以上20世帯未満につき2人以上 母子世帯20世帯以上につき3人以上
(4)保育所 (32条~36条)	[満2歳未満] 乳児室又はほふく室，医務室，調理室，便所	乳児室の面積：乳幼児1人につき1.65㎡以上	保育士，嘱託医，調理員	保育士の数： [乳児] 3人につき1人以上
		ほふく室の面積：乳幼児1人につき3.3㎡以上		[満1歳以上満3歳未満] 幼児6人につき1人以上
		保育室又は遊戯室：面積は幼児1人につき1.98㎡以上		[満3歳以上満4歳未満] 幼児20人につき1人以上
	[満2歳以上] 保育室又は遊戯室，屋外遊技場，調理室，便所	必要な用具屋外遊戯室の面積：幼児1人につき3.3㎡以上		[満4歳以上] 幼児30人につき1人以上
(5)幼保連携型認定こども園	職員室，乳児室又はほふく室，保育室，遊戯室，保健室，調理室，便所，飲料水用設備，手洗い設備，足洗い設備	乳児室の面積：1.65㎡に満2歳未満の園児のうちほふくしないものの数を乗じる	園長，保育教諭他に，副園長，教頭，主幹保育教諭，指導保育教諭，主幹養護教諭，養護教諭，調理員，事務職員，養護助教諭，その他必要な職員を置くことができる	教育・保育に直接従事する職員数： [満1歳未満] 3人につき1人以上 [満1歳以上満3歳未満] 6人につき1人以上 [満3歳以上満4歳未満] 20人につき1人以上 [満4歳以上] 30人につき1人
		ほふく室の面積：3.3㎡に満2歳未満の園児のうちほふくするものの数を乗じる		
		保育室又は遊戯室：1.98㎡に満2歳以上の園児数を乗じる		
(6)児童厚生施設 (37条~40条)	①児童遊園 広場，遊具，便所		児童の遊びを指導する者	
	②児童館 集会室，遊戯室，図書室，便所			
(7)児童養護施設 (41条~47条)	居室，相談室，調理室，浴室，便所，医務室及び静養室（児童30人以上の入所の場合）	1居室の定員：4人以下（乳幼児のみの場合は6人以下）	児童指導員，嘱託医，保育士，個別対応職員，家庭支援専門相談員，栄養士，調理員，看護師，職業指導員	児童指導員及び保育士の総数： [満2歳未満] 幼児1.6人につき1人以上
		1居室の面積：児童1人につき4.95㎡以上（乳幼児のみの場合は3.3㎡以上）		[満2歳以上満3歳未満] 幼児2人につき1人以上 [満3歳以上の幼児] 4人につき1人以上 [少年] 5.5人につき1人以上
(8)福祉型障害児入所施設 (48条~56条)	居室，調理室，浴室，便所，医務室，静養室 主たる対象 [知的障害児] 職業指導に必要な設備	1居室の定員：4人以下（乳幼児のみの場合は6人以下）	嘱託医（精神科又は小児科の診療に相当の経験を有する者），児童指導員，保育士，栄養士，調理員，児童発達支援管理責任者，心理指導担当職員 主たる対象	児童指導員及び保育士の総数： 主たる対象 [知的障害児・自閉症児] 児童4.3につき1人以上（通じて児童の数を4.3で除して得た数以上）
		1居室の面積：児童1人につき4.95㎡以上（乳幼児のみの場合は3.3㎡以上）		

施設	設備	面積・定員	職員	配置基準
	[盲児] 遊戯室, 調練室, 職業指導に必要な設備, 音楽に関する設備, 浴室及び便所の手すり並びに特殊表示等身体の機能の不自由を助ける設備。階段の傾斜を緩やかにする。 [ろうあ児] 遊戯室, 調練室, 職業指導に必要な設備, 映像に関する設備 [肢体不自由児] 訓練室, 屋外訓練場, 浴室及び便所の手すり等身体の機能の不自由を助ける設備。階段の傾斜を緩やかにする。		[盲ろうあ児] 眼科又は耳鼻咽喉科の診療に相当の経験を有する嘱託医 [自閉症児・肢体不自由児] 看護師	[盲ろうあ児] 乳幼児4人につき1人以上, 少年5人につき1人以上 [肢体不自由児] 児童3.5人につき1人以上(通じて児童の数を3.5で除して得た数以上)
(9)医療型障害児入所施設 (57条～61条)	医療法に規定する病院として必要な設備, 訓練室, 浴室 主たる対象 [自閉症児] 静養室 [肢体不自由児] 屋外訓練場, ギプス室, 特殊手工芸等の作業を指導するに必要な設備, 義肢装具を製作する設備。浴室及び便所の手すり等身体の機能の不自由を助ける設備。階段の傾斜を緩やかにする。		医療法に規定する病院として必要な職員, 児童指導員, 保育士, 児童発達支援管理責任者 主たる対象 [肢体不自由児] 理学療法士, 作業療法士, 肢体の機能の不自由なものの療育に関して相当の経験を有する医師 [重症心身障害児] 心理指導を担当する職員, 神経と組み合わせた名称を診療科名とする診療科, 小児科, 外科, 整形外科又はリハビリテーション科の診療に相当の経験を有する医師	児童指導員及び保育士の総数: 主たる対象 [自閉症児] 児童6.7人につき1人以上(通じて児童の数を6.7で除して得た数以上) [肢体不自由児] 乳幼児10人につき1人以上, 少年20人につき1人以上
(10)福祉型児童発達支援センター (62条～67条)	指導訓練室, 遊戯室, 屋外遊技場, 医務室, 相談室, 調理室, 便所, 児童発達支援の提供に必要な設備及び備品 主たる対象 [知的障害児] 静養室 [難聴児] 聴力検査室	指導訓練室の1室の定員: おおむね10人 指導訓練室の面積: 児童1人につき2.47㎡以上 遊戯室の面積: 児童1人につき1.65㎡以上	嘱託医, 児童指導員, 保育士, 栄養士, 調理員, 児童発達支援管理責任者, 機能訓練担当職員 主たる対象 [知的障害児] 精神科又は小児科の診療に相当の経験を有する嘱託医 [難聴児] 言語聴覚士, 眼科又は耳鼻咽喉科の診療に相当の経験を有する嘱託医 [重症心身障害児] 看護師, 神経と組み合わせた名称を診療科名とする診療科, 小児科, 外科, 整形外科又はリハビリテーション科の診療に相当の経験を有する嘱託医	児童指導員, 保育士, 機能訓練担当職員あるいは看護師の総数: 児童4人に1人以上(通じて児童の数を4で除して得た数以上)
(11)医療型児童発達支援センター (68条～71条)	医療法に規定する診療所として必要な設備, 指導訓練室, 屋外訓練場, 相談室, 調理室, 浴室及び便所の手する等身体の機能の不自由を助ける設備。階段の傾斜を緩やかにする。		医療法に規定する診療所として必要な職員, 児童指導員, 保育士, 看護師, 理学療法士又は作業療法士, 児童発達支援管理責任者	
(12)児童心理治療施設 (72条～78条)	居室, 医務室, 静養室, 遊戯室, 観察室, 心理検査室, 相談室, 工作室, 調理室, 浴室, 便所	1居室の定員: 4人以下 1居室の面積: 児童1人につき4.95㎡以上	精神科又は小児科の診療に相当の経験を有する医師, 心理療法担当職員, 児童指導員, 保育士, 看護師, 個別対応職員, 家庭支援専門相談員, 栄養士, 調理員	心理療法担当職員の数: 児童10人につき1人以上 児童指導員及び保育士の総数: 児童4.5人につき1人以上
(13)児童自立支援施設 (79条～88条)	学科指導に関する設備(小学校, 中学校, 又は特別支援学校の設備の設置基準に関する学校教育法の規定を準用)。上記以外は, 児童養護施設に同じ。	児童養護施設に同じ	児童自立支援専門員, 児童生活支援員, 嘱託医, 精神科の診療に相当の経験を有する医師又は嘱託医, 個別対応職員, 家庭支援専門相談員, 栄養士, 調理員, 心理療法担当	児童自立支援専門員及び児童生活支援員の総数: 児童4.5人につき1人以上

			職員, 職業指導員	
⑭児童家庭支援セ ンター （88条の 2 ～ 4）	相談室		必要な支援を担当する職員	

注：1）根拠条項は児童福祉施設の設備及び運営に関する基準の条項。ただし⑸は，幼保連携型認定こども園の学級の編制，
職員，設備及び運営に関する基準 4 条から 9 条。
2）国立療養所の重症心身障害児病棟は除いた。

1──養護系施設

⑴　乳児院

　乳児院での養育の内容は，児童の年齢および発達の段階に応じて，授乳，食事，排泄，沐浴，入浴，外気浴，睡眠，遊びや運動などが行なわれている。このほか，健康状態の把握，健康診断，感染症等の予防処置も含まれる。

　乳児院への児童の入所理由は，母の疾病（精神疾患を含む），虐待，ネグレクト，父母就労，受刑などであり，近年は母親の精神疾患や虐待が増加傾向にある。また，入所理由も 1 つの要因だけでなく，複雑かつ多様化している。児童についても，入所当初から心身に何らかの課題を抱えている場合が多く，ある調査によると入所児の約半数が病・虚弱である児童，障害のある児童，虐待を受けた児童であることが明らかとなっている（全国乳児福祉協議会，2019a）。これらの状況から，一人ひとりの児童の状態に応じて医療的・療育的ケアと個別対応が図られている。このように，乳児院は多様な課題を抱える児童の育ちを支える「乳幼児総合支援センター」としての役割が期待されている。

　なお，乳児院で生活している児童のほとんどに保護者がおり，退所した児童の約 4 割が家庭に復帰している。このため，乳幼児の家庭の状況に応じ，退所後のアフターケアを含む親子関係の再構築の支援をする役割が求められている（全国乳児福祉協議会，2019b）。

　一方で，仮に家庭復帰が見込めない場合は，退所後の生活について，児童養護施設への措置変更ほか，里親による養育も視野に入れる必要がある。このため，施設によって配置されている里親支援専門相談員などを中心に，里親対象となる人材の育成や対象となる児童と里親とのマッチング，里親委託後のフォローといった「里親養育包括支援機関（フォスタリング機関）」の役割も果たすことが期待されている。

(2)　児童養護施設

　児童養護施設での支援は，児童に対して安定した生活環境を整えることや，生活指導，学習指導，職業指導，家庭環境の調整が社会的自立に向けて総合的に行なわれる。

　このうち生活指導では，基本的生活習慣を確立するとともに豊かな人間性と社会性を養いながら，将来自立した生活を営むために必要な知識及び経験を得ることができるように支援している。具体的には衣食住や身支度といった日常的生活習慣の獲得や，児童や職員との人間関係による対人関係のスキルの修得，小遣いの管理などによる金銭感覚を身につけることである。また，児童期の余暇を図ることをねらいとして，施設内でのスポーツ教室や体験活動，他の施設や地域との交流活動も積極的に取り組んでいる。これらの支援を進める際には，児童の自主性を尊重しながら取り組むことが重要である。

　学習指導は，児童の適性，能力等に応じた学習を行なうことができるよう，適切な相談や助言，情報提供等の支援により行なわれる。職員は，児童自身の学習意欲を喚起するだけでなく，現在の学習上の習熟度を児童自身が理解し，学校での学習やその後の進学等の進路選択において児童の希望が叶えられるようサポートする役割も担っている。また，児童養護施設に入所する児童のなかには，施設入所前の家庭環境や経済状況なども影響し，十分な学習環境が整わずに学習上の課題が積み残されている児童たちもいるため，学校の宿題等だけではなく，これまでの学習のやり直しが必要となる場合もある。このため，それぞれの児童の状態にあわせて学習指導を行なうことが必要である。なお，学習指導は基本的には職員により行なわれるが，施設によっては家庭教師のように大学生等のボランティアや非常勤職員を活用することもある。

　このほか，これまでの生活歴や生活課題などの理由から心理的な支援を必要とする児童がいるため，カウンセリングやプレイセラピーなどといった心理的ケアが行なわれている。これらの専門的な心理的ケアは，臨床心理士等の資格や心理学の知見を有する心理療法担当職員が中心となり行なわれる。それとともに，生活上での一貫した支援を進めるために，チームワークとして，施設内の他の専門職種と連携して進めるなど，施設全体で取り組むことが重要である。また，近年の児童養護施設に入所する児童の傾向として，知的障害や発達障害

がある児童が増加する傾向が続いており，入所する児童によっては障害に対する幅広い知識も求められてきている。

　このほか，可能な限り家庭に戻ることができるよう支援することが求められるため，施設は児童の想いを受け止めながら，家庭支援専門相談員を中心として保護者をはじめとした家庭環境の調整を進めるなど，親子関係の再構築等が図られている。一方で，家庭復帰の見込みがむずかしい児童などについては，その児童の状態によって里親委託の検討も積極的に進めていくことが必要となるため，乳児院と同様に「里親養育包括支援機関（フォスタリング機関）」の機能をあわせもつ施設も増加している。

2——障害系施設

(1)　障害児入所支援（障害児入所施設〈福祉型・医療型〉）

　施設での支援内容は，福祉型障害児入所施設では「保護，日常生活の指導，独立自活に必要な知識技能の付与」であり，具体的には食事，排泄（せつ），入浴等の介護，日常生活の相談支援や助言，身体能力および日常生活能力の維持と向上のための訓練，レクリエーションやコミュニケーション支援などが含まれる。医療型障害児入所施設では上記の福祉型障害児入所施設の支援に加えて疾病に対する「治療」が含まれ，看護や医学的管理下における介護等が行なわれている。2012（平成24）年の法改正後は障害区分による施設種別ではなくなったことから，一人ひとりの生活状態やそれぞれの障害特性のちがいなどから，専門機能の強化を図りながら個別に応じた多様な支援が提供されている。

　障害のある児童に対する支援は，生活支援や療育面など多岐にわたり，1つの施設だけで単独で実施することは困難である。このため，個々の児童の状況に応じて地域の関係機関と連携しながら適切な支援を提供することが求められる。このため，障害児入所施設には一人ひとりの児童の生活実態に応じた個別支援計画を作成するとともに，定められた要件をクリアした専門職である「児童発達支援管理責任者」を配置するなど，計画的かつ効果的な支援の提供が図られている。

　また，近年はとくに福祉型障害児入所施設に入所する児童について，虐待を受けるなど家庭における養育困難な状況から入所するケースが増加傾向である

ほか，医療型障害児入所施設では医療的ケアニーズの高い重度の障害を有する児童の入所が増加傾向である。

(2)　障害児通所支援

　障害児通所支援には，児童発達支援（福祉型・医療型），放課後等デイサービス，保育所等訪問事業がある。いずれも在宅で生活している，おもに未就学の障害のある児童やその可能性のある児童が通所し，個々の障害の状態および発達の過程・特性等に応じた発達上の課題を達成させていくために児童本人への発達支援を行なうほか，児童の発達の基盤となる家族への支援も行なっている。あわせて児童発達支援センターでは施設が保持する専門的機能を活用しながら地域における中核的な支援機関として，地域の保育所や障害児相談支援事業所等に対し，専門的な知識・技術に基づく支援を実施している。これらの支援をとおして，障害の気づきの段階から継続的な支援を行ない，将来の児童の成長・発達の姿を見通しながら，日常生活や社会生活を円滑に営めるような支援が行なわれている。

　児童発達支援の適切な実施に当たっては，障害のある児童や保護者の生活全般における支援ニーズとそれに基づいた総合的な支援方針等を把握したうえで，具体的な支援内容を計画し実施する必要がある。このため「障害児支援利用計画（セルフプラン）」や「児童発達支援計画」が立案され，児童や家族の意向と総合的な支援方針に基づいて支援が行なわれている。

3──治療系施設

(1)　児童心理治療施設

　児童心理治療施設では，児童虐待の顕在化により，虐待を受けた児童の入所が増えている。このほかに，対人関係に課題がある児童として，他の児童とうまく関われない児童や，孤立して脅かされているように感じている児童などが対象に含まれている。これらの児童たちは精神的に脆い面をもっていることから，不登校やひきこもり，落ち着きのなさ，大人への反抗，暴言・暴力，情緒不安定，パニックなどの状態をみせやすい。このほか，虐待やいじめの被害を受け，PTSD（心的外傷後ストレス障害）の症状を伴う児童もみられる。

　よって，ここでは，おもに医療的な観点から生活支援を基盤とした心理的な

治療が行なわれている。支援の考え方としては，施設全体が治療の場としてとらえられているとともに，施設内で行なわれるすべての活動が治療であるという「総合環境療法」の立場が取られている。具体的には医学・心理療法，生活指導，学校教育，家族や地域の関係機関との連携を治療の柱として実施している。

(2)　児童自立支援施設

　児童自立支援施設の入所対象は，不良行為をなし，またはなすおそれのある児童及び生活指導等を要する児童である。

　一方で，虐待や多くの問題を抱える養育環境で育った児童や，基本的信頼関係の形成ができていない児童，トラウマを抱えている児童，知的障害やADHD（注意欠如・多動性障害），広汎性発達障害などの発達障害のある児童，抑うつや不安といった問題を抱えている児童なども少なくない。

　児童自立支援施設の支援基盤として，一定の「枠のある生活」が行なわれている。これは施設の生活という限定された時間的・空間的な枠組みのなかで児童の自立を支援する方法であり，重要視されている。

③節　社会的養護施設における支援過程

　入所型施設の場合，児童は慣れ親しんだ家庭から離れて生活しなければならない。また，施設は児童が入所している時期のみ支援すればよいのではなく，施設を退所した後も必要に応じて継続的に支援を続けることが必要である。このように児童の育ちを切れ目なくトータルでとらえることが，児童の最善の利益と，児童がよりよく生きていくウェル・ビーイング（well-being）に向けて大切であり，それゆえに施設での支援が長期的に取り組まれている。このため，施設では児童の特性も踏まえ，以下に述べるような支援を行なっている（本書第6章参照）。

1──アドミッションケア（施設入所に向けての準備，入所直後の支援）

　施設入所について，児童や保護者に対してその理由を丁寧に説明し，施設入所について可能な限り同意を得る。施設入所が確定した後は，施設での生活が

スムーズにいくように，施設の写真やパンフレットを活用することや，施設見学を行なうなど，施設の様子について伝えていく。それらの取り組みをとおして，児童と保護者の施設に対する抵抗感や緊張感の軽減を図る。また，児童相談所が作成する児童票や自立支援計画などを活用し，これまでの生活歴や生活課題を整理していく。

2——インケア（施設における入所中の支援）

　施設における支援全般。本章で取り上げたような衣食住の提供をはじめとした日常生活支援を中心に行なう。また，施設生活での心理的な負担感や，施設入所前までに受けた児童の心理的な傷に対するケアや負担の軽減を図るため，心理的ケアを行なう。また，施設では一人ひとりの児童の想いを受け止めて支援するとともに，担当職員や他の児童どうしの関わりをとおして，信頼関係や愛着関係を構築できるようにしていく。

3——リービングケア（施設退所後の社会生活に向けての準備）

　入所児童は，家庭復帰や社会的自立により施設を退所するため，生活訓練として，自炊や洗濯などの身の回りの管理を児童自身でできるように練習することや，就職に向けた職業訓練や新たな住居を探すなどの支援，銀行口座の開設，金銭管理などを職員と児童がともに行なっていく。

4——アフターケア（施設退所後の支援）

　児童が施設を退所した後も安定した生活が送れるように，生活相談や生活支援を電話やメール，家庭訪問などを通して継続的に行なう。施設入所理由として虐待を受けていた場合，家庭復帰した児童については再び保護者から不適切な養育や虐待を受けることのないように，児童とともにその保護者にも必要な支援を行ないながら関わっていく。また，就職などで社会的自立をした児童については，安定した生活ができるように，状況によって職員が保護者的な役割を果たしつつ，生活支援や相談支援を継続していく。

研究課題

1．社会的養護施設では，支援を必要とする児童と家庭に対する支援の柱として，どのような内容が含まれていたか整理しよう。
2．児童養護施設における支援として，具体的にどのような取り組みが進められているか，本章やあなたの身近にある施設のパンフレットやホームページなどを利用して実際に調べてみよう。
3．社会的養護施設で働く職員は，どのようなことをたいせつにしながら支援をしているか，実際に行なわれている支援内容から考えてみよう。

推薦図書

● 『子どもの未来をあきらめない　施設で育った子どもの自立支援』高橋亜美・早川悟司・大森信也　明石書店
● 『子どものニーズをみつめる児童養護施設のあゆみ―つばさ園のジェネラリスト・ソーシャルワークに基づく支援』　大江ひろみ・石塚かおる・山辺朗子　ミネルヴァ書房
● 『生活を創る子どもたちを支えて―社会的養護を支援するNPO法人「こどもサポートネットあいち」の5年間』長谷川眞人・吉村譲・吉村美由紀・伊藤貴啓（編）　福村出版

Column 5
ケアニーズと施設養護

　日本では1990（平成2）年から児童相談所における児童虐待の相談対応件数の統計を取り始め，それ以降増加の一途をたどっている（本書第1章参照）。児童虐待の防止等に関する法律では，児童虐待を受けたと思われる児童を発見した者は，都道府県や政令指定都市などに設置されている児童相談所や福祉事務所，市町村などに通告することが義務づけられている。現在，国が公表している児童虐待の対応件数は児童相談所での受付のみ集計されていることから，市町村で相談対応しているケースや，養育困難はあるものの児童虐待されないケースまでを含めると，相当数にのぼるものと考えられる。

　現在，児童養護施設や乳児院などの養護系施設のみならず，障害系施設や治療系施設においても児童虐待を受けた児童や受けたと疑われる児童の入所が増加している。虐待を受けた児童は，心理的にも相当な負担がかかっていることや，本来は保護者からの愛情を受けて育つ時期に十分な愛情が注がれず愛着形成が図られてこなかったこと，家庭における教育を受けられなかったことなどから，その育ちにおいてさまざまな課題が出現している。このひとつとして，PTSD（心的外傷後ストレス障害）や発達障害，知的障害といった児童の情緒や内面などに関する課題や，行動面での課題との関係性が指摘されている。このような児童は，とくにきめ細やかな対応が求められることもあり，近年ではケアニーズの高い児童として表現されることが多くなっている。

　ケアニーズが高い児童は，これまでの生活で負担やダメージを受けていることが多い。このため社会的養護施設では，児童と相当の時間をかけながら向き合い，児童自身が施設を安心感がもてる場所としてとらえられるようにすることや，児童みずからがたいせつにされる経験を重ねることで，周囲との信頼関係や自己肯定感を取り戻していくための支援が行なわれている。

　これらの支援は，児童の心理面のケアだけではなく，児童から出される多様な言動によるメッセージを的確に捉え，それらの児童の姿全体を受け止めていくことが重要であり，ケアニーズが高い児童に対しては，とくに個別に生活面や心理面において専門的なケアを実施することが必要となる。施設における社会的養護の支援として，今後もケアニーズの高い児童をはじめ，すべての児童に丁寧に寄り添いながら進めていくことが求められる。

第6章
社会的養護施設での支援の実際

　本章では，社会的養護施設（以下，施設）における支援技術を中心に学習する。近年，施設では，虐待を受けた児童や障害のある児童の入所が増えており，高年齢児童に対する自立支援も大きな課題になっている。そのようなことからも，施設職員には，日常生活支援が中心のケアワークとソーシャルワークの力量が求められている。

　また，施設で行なわれている自立支援，家庭支援，地域支援の実際から，これからの社会的養護のあり方についても理解を深めていく。

1節　社会的養護施設における支援

1——施設職員に求められる姿勢

　筆者は現在，短期大学の教員であるが，2020（令和2）年3月までは13年間，ある児童養護施設で児童指導員として働いていた。本章ではその経験を基に施設での支援の実際とそのあり方について考えてみたい。

　はじめに，児童を支援するうえで，施設職員（以下，職員）にとって必要なことは何かを考えてみたい。まず，自分自身のことをどれだけ知っているだろうか。たとえば自分が何に関心をもっていて，どういうことを人にされると嬉しくて，また腹が立つのか，あらためて胸に手を当てて考えてみてほしい。児童相手の仕事であるがゆえに，職員の「人間性」が強く問われている。入所児童は，たとえ幼児であっても，職員の言動を注意深く観察している。この職員は信用に足る人間なのか，本当に自分ときちんと向き合ってくれるのか，自分を大事にしてくれる存在なのかと全身（五感）で感じ取っているのである。それは，入所に至るまでに過酷な生活を強いられ，一番身近な親（大人）さえも信じられなくなっているからである。そういった状況をどれだけ想像することができるかどうか，他人事ではなく，自分自身のこととしてきちんと受け止められるかどうかである。職員には，支援技術を語る前に，その前提として人の気持ちに寄り添い深く共感することができるといった「感性」が求められている。

　次に，社会的養護施設での入所児童の「育て直し」が重要になってくるが，ことはそんなに易しくはない。児童が抱える課題は非常に根深いがゆえに，最終的にその可否は職員による粘り強い真摯な「かかわり」ができるかどうかにかかっているといっても過言ではない。児童に「思い」をもって関わり続けることは，単に児童が好きというだけではやっていけないのである。「思い」とは，「願い」にも重なり，児童にこうなってほしい（たとえば，たくましく育ってほしい），こういう大人になってほしい（たとえば，思いやりのある大人になってほしい）と望むことであり，現在だけでなく5年後，10年後の将来のことも視野に入れておく必要がある。職員は，「思い」をもって，「今」を生き

る児童に関わっているのである。そのうえで，職員と児童との関係は，決して表面的なつながりではなく，日々の積み重ねをもとに，時には10年以上かけて築き上げていくものである。それは日々の業務を単にこなすことではなく，児童の人生の一端を背負い，苦楽をともにするといったかかわりをとおして少しずつ形成される。職員は，ともに生活していくうえで，児童に好かれたいと思うのは当然のことであるが，「しつけ」等のため，時に厳しいことも言わなければならない。もちろん，職員は，愛情があったとしても，児童に対する虐待や体罰が許されないのは断るまでもないことである。

2 ── 社会的養護施設における支援の視点

　社会的養護施設の多くでは，支援にあたっては，長らく経験と勘とコツが重視されてきた。職員は，各々の子育て観や自分自身が家庭で受けてきたしつけ，教育，経験等をもとにしたかかわりを中心に行なってきたが，今日ではもはやそれだけでは通用しない状況が広がっている。

　たとえば，「児童養護施設入所児童等調査結果（平成25年2月1日現在）」（厚生労働省，2015）によると，児童虐待の増加等に伴い，乳児院に入所する児童のうち約4割，児童養護施設に入所する児童のうち約6割は虐待を受けている。そして，社会的養護を必要とする児童においては，障害等のある児童が増加し，児童養護施設に入所する児童の約3割に障害があるといった現状が示されている。施設では，複雑かつ多様化している課題のある児童（とりわけ高年齢児童）に対する自立支援の困難性が増しているのが現状である。そうであるがゆえに，職員には，専門的な技術と力量をつけるための不断の努力が求められている。

　ここでは，特に必要な支援の視点を3点あげておきたい。

　第一には，職員は，児童の権利擁護という基本的でたいせつな視点をもつことが重要である。児童は，入所前の家庭で「権利」が侵害されたさまざまな境遇に置かれていることから，「権利」に対する意識が低く，「権利」そのものの意味を知らない場合も少なくない。低年齢児童や障害のある児童の場合，自身の権利に無自覚である場合も多いため，権利侵害がされていないかを日常的に確認し，権利に関する教育を行なっていく必要がある。職員が，日常生活にお

いて，何が「権利」にあたるのかを丁寧に示し，分かりやすく説明していく必要がある。たとえば，衣食住がきちんと整っていることは，人が人として生きていくうえで「あたりまえ」のことであるが，それすら保障されていない境遇にいた児童も少なからずいる。また，適切な教育を受けることは「あたりまえ」のことであるが，教育に無関心な親や，家庭に学習机もなく，学習意欲が低い児童もいる。こうしたことに疑問をもつのは，我々が「あたりまえ」の生活を過ごしてきたからである。職員が，「あたりまえ」の生活を保障することが何よりも児童の権利（「生きる力」と「生きる勇気」が保障されること）を擁護することにつながるのである。

　第二には，インクルーシブ（包摂的）な視点である。インクルーシブとは，どんな人であっても分け隔てることなく，社会の一員として包み込み，支え合うといった考え方である。社会的養護施設において，虐待を受けた児童や障害のある児童が増加傾向にあるなか，どの子も個別的かつ多様な課題をもっている。職員として，どの児童もひとりの人間として受容することは当然のこととして，児童に対する偏見や差別，排除も決して許さないといった高い人権意識が求められる。虐待を受けた児童は，施設での生活に慣れてくると「虐待の再現傾向」を示すことがある。職員が腹を立てるような言動を意識的・無意識的にとることがあるが，そういった行動上の困難さも理解したうえで，虐待や障害の有無に関わらず，排除することなくすべての児童が安心してともに生活し育ち合うことを保障することがたいせつである。

　第三には，自立支援の視点である。職員には，児童福祉法の年齢的制限を超えた将来にわたる経済的，社会的，精神的な自立をどのように長期的・継続的に支援していくのかが強く問われている。児童福祉法の範疇は基本的に18歳まで（措置延長の場合は20歳だが，社会的養護自立支援事業を活用すると22歳の年度末まで引き続き必要な支援を受けることができる）である。つまり，児童は18歳で措置解除（退所）になり，自立を強いられるのであるが，その後の社会的養護施設を巣立った児童の多様な生活課題は切実である。つまり，入所中の児童に対する自立支援は，退所後の生活（入所中の生活よりも退所後の生活の方がはるかに長いのであるが）に大きな影響を及ぼすことになるので，日常生活における丁寧なかかわりをもとに，個別の具体的なプログラムを組んで

支援していく必要がある。

3──社会的養護施設に関する理論

　社会的養護施設では，歴史的に長い間「収容保護」が強調されてきた。戦後初期の戦災孤児対策に顕著にみられるように，親がいない児童に対する家庭代替的な業務体系の側面が強かった。当時は，できるだけ多くの児童を「収容保護」し，そのなかで衣食住を保障するといった事柄が最優先された時代であり，施設で求められる養護理論そのものについては深く検討されてこなかった。

　1950年代に入ると施設養護のあり方に関する議論が活発化した。その顕著なものが「ホスピタリズム論争」である。ホスピタリズムとは，「施設病」と訳されているが，施設で長期間育った児童は，一般家庭で育つ児童と比較して，情緒的な障害や身体的な発育の遅れ等の悪影響をこうむりやすいといった意味である。ホスピタリズムは当時の施設関係者に大きな衝撃を与え，施設養護に対する問題提起も含んでいたため，論争に発展していったのである。

　その後，1960年代以降，施設養護を積極的に位置づけ，集団主義養護論として理論化したのは，積惟勝である。集団主義養護論とは，集団の優位性を再評価し，「集団づくり」をとおして，「自主性」，「創造性」，「批判性」を培うことにある。積の言葉を借りれば，「ひとりはみんなのために，みんなはひとりのために」という考え方が施設養護の中心にある。なお，誤解されがちであるが，集団主義養護論は，決して個別的なかかわりを軽視しているのではなく，むしろ「個と集団との統一」を目指している。集団主義養護論は，積の理論をもとに結成された全国養護問題研究会（現在，全国児童養護問題研究会）によって継承されており，今日的にも学ぶところが多いといえるが，一方で，ホスピタリズム論争から半世紀以上たっても，「施設解体論」が進んでいる現状がある。

　そのほかにも，施設における養護内容を家庭的なものに近づけようとした家庭的養護論があげられるが，それらの理論は時代状況とともに変化しており，また変わるべきものである。職員には，理論に無自覚であってはならず，専門的な力量をつけるための不断の努力と，理論を検証していく力が求められているのである。

節. 社会的養護施設における支援技術

1──ケアワークとソーシャルワーク

　職員には，社会的養護施設の業務内容として，従来にも増してさまざまな専門的な能力が求められている。これまでは，主として児童のみを対象としたケアワークの能力が求められてきたが（もちろんこうした能力は今後も重要である），現在の状況下では，家族や地域への支援も含め，より個別的かつ普遍的なソーシャルワークが必要となっている。社会的養護施設では，ソーシャルワークとケアワークを適切に組み合わせて支援していくことが重要なのである。

(1)　ケアワーク

　社会的養護におけるケアワークとは，「入所施設で生活している児童に関する日常生活支援全般」ととらえることができる。なお，社会的養護におけるケアワークは，高齢者施設におけるケア（介護）とは異なり，成長・発達過程にある児童の人格を育てるといった未来志向的な視点が強調されている。つまり，職員が自身の親にしてもらったようなかかわりが土台になるが，日常生活支援でたいせつなことは，児童がこの世に生まれてきてよかった，たいせつにされていると心から感じられるかどうかが重要である。たとえば，季節に応じた衣服の選択や，季節の旬の食材の提供，清潔で住みやすい環境の整備等の「あたりまえ」の生活そのものが，すべて児童の成長・発達に必要である。

　ケアワークは，日々のルーティンワーク（繰り返しの作業）で，専門性がないように思われがちであるが，児童の成長・発達に応じた個別的で適切な支援は高度な専門性である。

(2)　ソーシャルワーク

　一般に社会福祉は，ハード面とソフト面とに大きく分類することができる。ハードとしての社会福祉は，社会福祉法，生活保護法，老人福祉法，児童福祉法等といった制度・政策の体系を意味している。一方，ソフトとしての社会福祉とは，ソーシャルワーカーによって提供される専門的支援であるソーシャルワークを意味している。この両者は，車の両輪のようなもので相互に影響し合いながら「社会福祉」として成立しているといえる。

　ではソーシャルワークとは何かというと，自己実現と社会正義のために，利用者や家族の生活課題に対して，一連の過程をとおして社会の諸資源を利用して専門的に支援する方法である。その際，ソーシャルワーカーは，生活課題を解決する主体者は利用者や家族であるという基本的な認識をもち，利用者や家族の生活を全体的に把握する必要がある。また，ソーシャルワーカーは，人と環境の相互作用に着目して，利用者や家族への直接的な支援だけでなく，同時に利用者や家族を取り巻く環境（活用できる資源）にも積極的に働きかけることが求められている。

2──ソーシャルワークの展開過程

　社会的養護におけるソーシャルワークの展開過程の概要は，以下のとおりである（図6-1を参照）。

(1)　アセスメント（事前評価）

　アセスメントとは，一般的に，ニーズ（「利用者が必要としているもの」）を理解するための活動である。職員は，日常生活の中で児童に関わりながら注意深く観察し情報収集を行なっている。また，職員は，保護者への電話連絡や面会交流等，さまざまな機会をとおして家族の状況を把握している。実際，一施設では，必要な情報をすぐに得られないことも多く（虐待等の緊急一時保護のケースの場合，必要な情報が後から入ってくる），必要に応じて児童相談所等の関係機関に問い合わせて調べてもらっている。この情報のひとつひとつが次のプランニングにとってとても貴重な資料であり，資料を整理することで児童自身とそれを取り巻く環境の全体像や課題がみえてくる。

(2)　プランニング（計画の作成）

　アセスメントの次には，第5章でみたような自立支援計画を作成する。自立支援計画とは，児童の自立を支援するために，児童養護施設等が児童相談所の処遇指針を受けて，児童とその家族の意向と，市町村や

```
(1)アセスメント（事前評価）
↓　ニーズの理解，情報収集
(2)プランニング（計画の作成）
↓　「自立支援計画」等の作成
(3)計画の実行
↓　「自立支援計画」等の実行
(4)モニタリング（継続的な評価）
↓　経過観察，再アセスメント
(5)エバリュエーション（総合評価）
↓　再アセスメント
(6)終結（または再支援）
```

図6-1　ソーシャルワークの展開過程

学校等関係機関の意見をふまえて作成する個別の支援計画である。職員は，児童の成長・発達や，抱えている個別の課題，課題の背景にある要因等をふまえて目標を達成するための計画を作成する。その際，職員は，児童と保護者の意向を聴取し，それを可能な限り尊重して，長期・短期の到達目標を設定している。たとえば，高校・大学等への進学や就職，家庭引き取り等の長期目標に対しては，個別の進路面談，通塾，アルバイト探し，ハローワークへの同行，児童相談所との家庭訪問等といった短期目標を具体的に設定することになる。

　計画を作成するうえでの留意点は，児童自身も自身の生き方や将来に対する「思い」をもっているため，自立支援計画が職員から押しつけられたものになれば，児童からの拒否や反発が生まれる。そうであるがゆえに，職員は，児童自身が考える生き方や将来に対する考えをできる限り尊重し，それを児童の意向として自立支援計画に盛り込み，児童自身も自立支援計画の作成に参加しているといった意識と責任感を持たせる工夫が何よりも重要である。あくまで，職員ではなく児童のための自立支援計画なのである。

(3)　計画の実行

　職員は，計画を実行するにあたり，その児童の特長を活かし，本来もっている力（入所前の環境等により抑制されていた力）を引き出しながら課題の解決に取り組む必要がある。その過程においては，担当職員だけではなく，主任や専門職を含めたチームで支援を行なう必要がある。社会的養護施設においては，児童に対して，「チームアプローチ」による組織的な支援が欠かせないため，担当職員をはじめ，主任や家庭支援専門相談員，個別対応職員，心理療法担当職員，看護師，栄養士等専門職等とも連携しながら，自立支援計画にもとづいた多様で具体的な支援を行なっている。

(4)　モニタリング（継続的な評価）

　職員は，計画を実行した結果，うまくいっているのか継続的な評価（モニタリング）を行なう必要がある。職員は，モニタリングを通じて，必要に応じて支援の実施や計画の内容を変更する勇気をもつことがたいせつである（実行している支援の否定にはあたらない）。その際，記録の仕方についても重要である。職員同士が自立支援計画を共有し，どういった支援をするのか，それを評価するためにどのような内容を経過観察するのかを明確にしていれば，評価を

するために必要な記録が残る。そのことにより，職員の意識や記録の質も向上
し，適切な評価を行なうことができる。

(5)　エバリュエーション（総合評価）

　エバリュエーションの仕方としては，計画を実行してみて，計画通りに実施
することができたか，アセスメントに対する計画は妥当だったか，アセスメン
トそのものは妥当だったかのように順番に検証する作業を行なう。その際，主
任や専門職を加えたチームで検証作業を行なうことにより，多角的な視点で客
観的な評価を行なうことができる。

(6)　終結（または再支援）

　ニーズが解決した場合には，終結となる。児童の場合，成長・発達途上にあ
るため，その自立支援は長期的になるといった特徴がある。そのため，ある時
点で終結にならず，その時点からまた次の目標を設定して支援していくといっ
た継続的な支援が求められている。その目標達成を積み重ねることにより，
「生きる力」や「生きる勇気」が養われるのである。

3──ソーシャルワークの方法

　社会的養護におけるソーシャルワークの方法は，以下のミクロ・メゾ・マク
ロレベルにおいて，ひとつの理論だけではなく，課題や状況によって諸理論を
適宜使い分ける必要がある。

(1)　ミクロレベル

　ミクロレベルでは，児童に対する個別的で直接的な支援が中心になる。職員
は，児童の行動の背景に，入所前の成育歴や家族関係，社会関係等が重なり合
っているといった多角的な視点をもつことが重要である。つまり，児童を全体
的にとらえる視点がたいせつなのである。また，職員は，日常生活において，
児童の問題行動等に注目しがちであるが，支援上の課題ばかりに目を向けるの
ではなく，児童のもつストレングス（強み）に着目し，主体的な生活を送るこ
とができるよう支援していくことがたいせつである。ストレングスの視点は，
とても重要で，どんな児童であっても必ず長所があるものである。たとえば，
注意散漫な児童は，好奇心が強いともいえるし，トラブルが多い児童は，元気
がよく活発であるというふうに一見すると，マイナスにみえるような事柄も視

点を変えてとらえることもできる。職員は，日常生活において，関心をもって児童に関わりながら，注意深く観察するともに，ひとりの人間として深く知ることが必要である。

⑵ メゾレベル

　メゾレベルでは，児童の生活環境に関わるアドミニストレーション（社会福祉運営管理）が重要である。職員も，組織の一員である以上，組織の理念に基づいて行動している。その中で，職員一人ひとりが，児童とその家族の「最善の利益」を追求することができる環境をいかに整備していくのかが課題である。

　職員全員がソーシャルワークの視点をもって児童とその家族を組織的・継続的に支援する必要があるが，そのためには，ケアワークのみならずソーシャルワークを意識した職員研修（事例検討会）等が求められる。同時に，身近な先輩職員が日常の機会をとらえてソーシャルワークを教える等の組織的な取り組みが求められている。

⑶ マクロレベル

　児童に対する自立支援は，施設内の取り組みだけでは不十分であるため，ソーシャル・アクションとして，行政や社会に対して社会的養護における現状と課題を広く提起することが求められる。ソーシャル・アクションとは，政策や制度等の改善を促していくことである。社会的養護が必要な児童が安心して生きやすい社会になるよう，社会的養護施設の現状や取り組みを広く社会に投げかけて変革を促していく必要がある。

　社会的養護施設を退所した卒園生の生活は切実で，目の前の生活で精一杯なことから，トラブルに巻き込まれてしまうケースも多い。また，いまだに社会の誤解や偏見があることから，施設出身という事実をひたすらに隠して生活している退園生もいる。

　職員には，社会的養護が必要な児童を預かっているという基本的な事柄を再認識したうえで，施設だけでなく社会全体で児童を支えていくといった幅広い取り組みがより一層重要になる。

❸節　社会的養護施設における支援の実際

1──自立支援の実際

　職員は，施設内のインケアにおいて日常生活支援を中心としたケアワーク中心の業務を実際に行なっているものの，退所前後の児童に対する自立支援の要素が大きくなるにつれて，今日的にはリービングケアとアフターケアが強く求められている。つまり，高年齢児童が社会的自立に向けて円滑に移行できるようにすることが職員にとって重要である。

　多くの職員は，日常生活において，職員自身の親にしてもらったようなかかわりを通し，家事全般にわたる生活技術を一つひとつ丁寧に児童に習得させ，時には別室を利用し，自立に向けた話を個別に行なっている。あわせて，ソーシャルスキルズトレーニング（SST）等の実施にみられるように，児童の主体性を伸ばせるよう，より体験的，実践的な取り組みが求められている。以下は，筆者が勤務していた施設の事例である。

　まず，衣食住等の身辺自立のための具体的な働きかけの方法と内容だが，たとえば高校生の場合，ある施設では担当職員と以下のような約束事をしている。

　・起床⇒目覚まし時計をかけて各自で起床する。
　・食事⇒盛り付けや配膳等，食事の準備を手伝う。使用した食器は各自で洗う。
　・洗濯⇒各自で洗濯物を洗濯機で回して干し，たたむ。
　・掃除⇒風呂やリビング，トイレ等の共有部分は全員で掃除を行なう。

　当然，上記の約束事は，児童の能力や境遇が大きく異なるため，画一的なものではなく，できるところからスモールステップ（小さな積み重ね）で取り組み，習慣づくよう職員が見守りながら取り組んでいる。なお，食事は，栄養士の献立に基づいて，担当職員が基本的に調理している。また，栄養士が定期的に全児童に対して食事アンケートを定期的に実施し，好きなメニューをできるだけ献立に取り入れる工夫をしている。衣服は，季節ごとに衣服代が支給されるため，担当職員といっしょに好きな衣服を買いに行なっている（中高生は子どもたち同士で買いに行くことが多い）。

　居住空間だが，「児童福祉施設の設備及び運営に関する基準」において，１

室の定員は 4 人以下とされているが，実際には多くの施設では，基本的に中学
3 年生（受験生）と高校生は 1 人部屋で，それ以外でも 2 人部屋が主流である。

　小遣いは，「訓練費」とよばれているが，小・中・高校生とそれぞれ費用は
異なるものの，基本的に自由に使用できることになっている。ちなみに，高校
生では月額 5 千円程度である。携帯電話は，一定のルールはあるものの，高校
生はアルバイト代から使用料を払う形で所持している者が多い。パソコンは，
施設内の児童用のパソコンを時間制限はあるが誰もが自由に使用できる。

　自立支援では，たとえ児童がそれに取り組んで失敗したとしても，「豊かな
失敗体験」として前向きにとらえ，担当職員とふり返りながらフォローできる
体制づくりが大事である。児童は，経験不足や，外の社会を知らないことが多
いため，困ったり，不安にならないように，高校生等に対し施設内の自立訓練
棟等で一定期間「ひとり暮らし体験」をさせている施設もなかにはある。

　また，施設内だけでは，自立を達成することは困難なため，職員には，児童
相談所や学校，病院，福祉事務所等の関係機関との連携も強く求められている。
加えて，障害等のある児童に関しては，自立がより困難なため，児童福祉関連
制度の知識だけでなく，障害者手帳や障害年金等の障害者福祉関連制度，生活
保護制度等の幅広い知識も求められている。たとえば退所後の生活場所の確保
に向けて障害者グループホーム等を活用する場合，障害者相談支援事業所との
連携が欠かせない。そのため，職員は，常日頃から，関連制度について幅広く
学び，関係機関の担当者同士との顔のみえる関係を意識して築いておく必要が
ある。

事例　障害がある高年齢児童の自立支援

　健太君（17才・仮名）は，特別支援学校高等部 2 年生である。軽度の知的障
害があり，療育手帳を取得している。母子家庭で，養育困難により幼児期に児
童養護施設に入所している。健太君は，明るく人懐っこい性格であるが，トラ
ブルがあると他責的である。また，ストレスをためやすく，そのストレスを上
手に発散できず，イライラして物に当たり暴言を吐くことが多い。一方，スポ
ーツや音楽（バンド活動）が大好きで熱中することができる。健太君の意向は
「早く就職先を見つけてひとり暮らしをしたい」であり，卒業後は一般企業へ
の就職（障害者枠）を希望している。

　施設職員は，それを目標にすえて，自立支援計画を策定したが，とりわけ重

要視したのは「ストレングスの視点」と「チームアプローチの視点」の２点である。

①ストレングスの視点

日々の生活の中で，トラブルを抱えたときに，「どうせ俺なんか……」と落ち込み自信をなくすことがあるが，健太君自身をあるがままの存在として受け止めてあげることが支援の前提である。長所も短所も含めて丸ごと健太君なのである。そうであるがゆえに，職員は，きちんと話を聞いたうえで解決に向かうような助言を行なう等の取り組みが大事なのである。職員が受容してすべてがうまくいくわけではないが，基本的な援助者の姿勢としてたいせつである。

ストレングスの視点としては，健太君のもつ積極的な側面や長所に焦点をあてることが重要である。スポーツと音楽（バンド活動）が健太君にとってのストレングスだといえる。身体で思いっきり表現することで満足感や自信を得ており，熱中している時は本当に生き生きとしている。学校や施設生活で思い通りにいかない鬱憤を吐き出しているようにも感じる。担当職員は，学校と密に連携をとっており，健太君自身，全国障害者スポーツ大会への出場を目標に練習に励んでいる。

②チームアプローチの視点

チームアプローチの視点としては，個別対応職員が，心理療法担当職員と連携しながら，ストレス・マネージメントやSST（ソーシャルスキルズトレーニング）を具体的に行なっている。

障害がある高年齢児童は，「要養護性」が高いため，自立支援の困難性が高い。しかしながら，職員は，自立支援計画に沿って長期的な視点で支援を展開している。職員には，何よりも児童の意向を十分に聴取し，児童自身の主体的な行動を促進させるようなさまざまな取り組みが何よりも求められている。

以上，児童養護施設の自立支援（日常生活）の一端に触れたが，職員は，ノーマライゼーションの視点で，児童の「最善の利益」を考えながら，「個別的」かつ「あたりまえの生活」を保障し，自立支援を行なっているのである。

2──家庭支援の実際

　社会的養護施設に入所する児童の保護者自身も，貧困や精神疾患，地域からの孤立といったさまざまな課題を抱えており，施設内の児童だけでなく，その家族まで視野に入れた幅広い支援が社会的養護施設には求められている。さらに今日，育児不安や育児困難を抱えた地域の子育て家庭に対する支援や地域の里親支援等も社会的に必要不可欠な状況である。

　家庭支援に関しては，児童養護施設等に配置されている家庭支援専門相談員が中心となって家族関係の調整等を行なっている。しかしながら，それは必ずしも家族再統合を目標にするだけではなく，その概念は電話連絡や面会交流等を含むそれぞれの家族に応じた幅のある多様な支援と認識する必要がある。家族関係の調整がうまくいかず，アフターケアに至っても家族の課題が解決できないケースも施設ではある。そのため，職員には，一方的に家庭支援専門相談員らが家族再統合の時期や方法を決めるのではなく，保護者の生活課題もふまえた丁寧なアセスメントやきめ細やかな支援，その前提の日常的な関係づくりも欠かすことができないことである。つまり，家族支援においては，家族再統合が必ずしもゴールではなく，例え細くとも家族とつながりを長く保ち続けながら支援することも広義の家族再統合ととらえられる。児童も家族も，それぞれが適切な距離をとりつつ，将来のことをゆっくり考える時間の確保も必要なのである。

　また，施設によっては，定期的に家族と交流を行なっている児童と，そうでない児童とに分かれている。保護者との定期的な電話連絡や面会交流，外出や帰省等が可能な児童がいる一方で，そうでない児童に対しては，担当職員や週末里親ができる範囲内で外出や帰省等を行なっている。もちろん，虐待のケース等は児童相談所の許可が必要であり，交流に一定の制限がかかるが，それ以外は比較的自由に交流を深めている。

3──地域支援の実際

　施設の地域支援は，地域の子育て家庭に対する短期入所生活援助事業（ショートステイ）や夜間養護等事業（トワイライトステイ），里親の一時的な休息

のための援助（レスパイトケア）等の制度的なものと，非制度的な公園清掃や防災訓練等の地域活動への参加等がある。そこで，地域の人たちと交流を図ることで，施設への理解や協力を求めている。

　施設では10年程前までは児童が輝ける（自信を与える）場所も少なかったため，児童福祉施設芸能祭や施設対抗の野球大会やドッジボール大会等が盛んに行なわれていた。しかし今日では，学校の部活動や学校行事，地域行事等への参加等により，児童が輝ける場所が広がったこと，また，国により施設規模の小規模化が推進されるなかで，施設で全体行事を行なっていくことが困難な状況になっている。なお，児童の交友関係において，学校の友人が放課後や休日に施設に遊びに来ることがあり，園庭や近くの公園で遊ぶことも多い。課題としては，学校でも，施設の児童同士で自然と集まってしまう傾向があり，同世代の友人と遊びの輪が広がらない点である。

　さらに加えて，地域支援では児童養護施設等に併設することが多い児童家庭支援センターの活用も重要である。児童家庭支援センターは，地域の子育て家庭に対する養護相談を主に担っているが，高年齢児童に対する進路支援を含む自立支援に積極的に関与しているところもある。また，2012（平成24）年から児童養護施設には里親支援専門相談員（里親ソーシャルワーカー）が配置されており，里親家庭を含む地域の子育て家庭支援に関しては，社会的養護施設は児童福祉施設であると同時に，地域にある「福祉施設」でもあるという認識がより一層強く求められている。

　しかしながらより根本的に重要なことは，地域支援においては施設が地域に何ができるかだけではなく，基本は施設の設備や機能の社会化，開放の視点が求められていることを認識することである。これからの職員には施設の社会化，開放の視点をもち，在園生を地域の人たちとどのようにつなげていくかという発想が必要である。

　たとえば，リービングケアとアフターケアにおける自立支援と家庭支援を考えるとそれは本来一施設内だけで取り組む事柄ではなく，地域の人たちの理解や協力，支援がなければ，その効果が薄いといえる。つまり，リービングケアの段階から，地域の人たちとつながりをもち，いかに良好な関係を形成するかという視点が自立支援には重要であり，職員には，地域の人たちを含む社会資

源をどう活用するのかが問われている。

　そして，その意味は，施設が地域の人たちに一方的に何かをしてもらうということではない。たとえば，中学生が受験の際，施設内の学習室だけでなく，地域のボランティアに図書館に連れていってもらい勉強を教えてもらえれば，児童にとっての社会体験にもつながり，また，ボランティアにとっても大きな「学びの機会」となると思われる。つまり，ボランティアとのつながりは裏返せば施設のもつ「学び機能」の活用であるともいえることなのである。施設にできる地域支援の意味を幅広く考えたい。

 研究課題 ─────────────────────────────

1. 社会的養護施設で高年齢児童に対して具体的にどのようなソーシャルワーク実践が行なわれているのか，本や資料でケースを探して調べてみよう。
2. 社会的養護施設の家庭支援の現状を施設関係者から具体的に聞いて考えてみよう。
3. 実践事例を読んでどんなことを感じたか，自分がもしその施設の担当保育士だったらどんなことをしたいか等をグループで話し合おう。

📖 推薦図書 ──────────────────────────────────

● 『施設・学校現場が拓く児童家庭ソーシャルワーク─子どもとその家族を支援するすべての人に』　櫻井慶一・宮﨑正宇（編著）　北大路書房
● 『しあわせな明日を信じて─作文集　乳児院・児童養護施設の子どもたち』　長谷川眞人　福村出版
● 『児童養護と青年期の自立支援─進路・進学問題を展望する』　全国児童養護問題研究会編集委員会（編）　ミネルヴァ書房

Column 6

児童養護施設における実習指導の実際

　多くの施設では，養成校から保育士になるための保育実習生を受け入れている。筆者は，ある児童養護施設で実習指導者を長く務めていた。その経験をもとに，児童養護施設における実習指導の実際について簡単に触れておきたい。

　実習オリエンテーションで，児童養護施設について，「貧しい」「暗い」「寂しい」「怖い」等のイメージをもっている実習生も少なくない。テレビドラマ等で取り上げられる児童養護施設では，虐待を受けた児童が暗く沈んだ表情で生活している姿，職員がしつけと称して児童を体罰している場面等をみることがある。実習生は，児童養護施設があまり身近でないので，マスコミの画一的な報道をそのまま信じてしまいがちである。しかしながら児童は，決して「かわいそうな」，「恵まれない」といった対象ではなく，「今」を精一杯たくましく生きている。児童それぞれの抱える課題は重いものの，施設職員や仲間とともに元気に過ごしているのである。

　実習内容は，日常生活におけるケアワークが中心となる。具体的には，起床から就寝までの生活リズムのなかで，食事づくりや洗濯，掃除等の家事全般を職員といっしょに行なうことになり，何よりも，児童と関わる時間を多くもってもらっている。具体的な遊びでいうと，居室で折り紙やトランプ，園庭でサッカーやバスケットボール等をしている。児童たちのなかには，実習生が想像する以上に，実習生とのかかわりを楽しみにしている子も多い。

　実習生からよく聞かれることとして，宿題になかなか取り組まない児童に対してどうしたらよいか，児童同士のトラブルが起きた際の対応の仕方等の技術的な事柄が多い。それらの事柄に苦慮しているのもよく分かるが，「注意」の仕方を学びに来ているわけでないので，まずは児童への理解と，積極的なかかわりをたいせつにしてほしいと伝えている。また，中高生とは，年齢も近く，思春期でもあるため，関わりにくいかもしれないが，挨拶等の声かけは続けてほしいと伝えている。たとえ無視されたとしても，その声は確かに耳に届いており，実習最終日に中高生から話しかけてくれたと喜ぶ実習生の姿もみられる。

　実習生には，児童たちに好かれたいと思う気持ちよりも，たった2週間でも，「職員」という意識をもって，児童たちと真摯に向かい合ってもらいたい。実習生の言動は，児童たちに少なからず影響を与えるのである。実習をとおして，児童との豊かな物語（エピソード）をひとつでも多くつくってもらいたいと職員たちは願っている。

第 7 章

社会的養護施設の運営管理

　本章では，社会的養護施設（以下，施設）における運営管理を中心に学習する。まず，施設の運営管理の基本理念や意義をおさえたうえで，児童福祉施設の設備および運営に関する基準や運営費について学んでいく。施設は，利用者本位の福祉サービスの提供を基本としながら，より専門的かつ客観的な視点から第三者評価事業等も同時に進められている。

　また，施設運営の要である施設職員の資質と役割についても理解を深めていく。これからの施設には，施設職員の勤務条件の改善と，理念に基づいた組織づくりが強く求められている。

①節．社会的養護施設の運営管理の原則

1──運営管理の基本理念

　入所型の社会的養護施設（以下，施設）は，福祉サービスを利用する児童の「生活の場」である。施設は，家庭の代替機能を有し，快適な「生活の場」であることが何よりも保障されなければならない。さらに，施設には，長期にわたる「自立支援」が幅広く求められている。職員は，成長や発達過程にある児童に対し，将来にわたるより良く「生きる力」を身につけさせていく必要がある。

　施設の根本は，児童との信頼関係を深め，そのことが児童の自己肯定感を高め，将来，社会的自立を果たすための時間と場所を提供することである。障害児系施設においては，障害のある児童の日常生活の自立（自律）に向けた治療的な機能と体制も必要になる。

　運営管理の最も基本的な法的根拠は日本国憲法第25条の「生存権」であり，「すべて国民は，健康で文化的な最低限度の生活を営む権利を有する」と規定されている。何らかの理由により家庭で暮らすことのできない児童に対して，成長していくうえでの衣食住はもとより子どもらしい生育環境がきちんと提供される必要がある。そして，児童福祉法第１条では「全て児童は，児童の権利に関する条約の精神にのっとり，適切に養育されること，その生活を保障されること，愛され，保護されること，その心身の健やかな成長及び発達並びにその自立が図られることその他の福祉を等しく保障される権利を有する」と明記されており，施設はこの理念に基づき設置，運営されなければならない。

　換言すれば，施設は，児童の権利に関する条約（子どもの権利条約）の趣旨にのっとり，児童一人ひとりの「生命」と人としての尊厳を守り，児童の成長や発達，自立支援を保障することを第一義的な目的として設置されている。そうであるがゆえに，運営管理の基本は，児童一人ひとりの人権を尊重するとともに，児童が潜在的に持っている成長や発達の可能性を最大限に引き出せる環境が保障されているか常に検証することが必要である。

　2000（平成12）年に改正された社会福祉法では，その第３条で「福祉サービスは，個人の尊厳の保持を旨とし，その内容は，福祉サービスの利用者が心身

ともに健やかに育成され，又はその有する能力に応じ自立した日常生活を営む
ことができるように支援するものとして，良質かつ適切なものでなければなら
ない」と規定している。さらに，第5条で「社会福祉を目的とする事業を経営
する者は，その提供する多様な福祉サービスについて，利用者の意向を十分に
尊重し，かつ，保健医療サービスその他の関連するサービスとの有機的な連携
を図るよう創意工夫を行いつつ，これを総合的に提供することができるように
その事業の実施に努めなければならない」と規定している。

　つまり，ここでは，福祉サービスの利用者の尊厳と，福祉サービスの利用者
が権利主体であるといった「利用者本位」の理念が重視されており，施設もこ
れに基づいて適切に運営管理されなければならないのである。利用者本位とは，
支援者の価値観で利用者を支援するのではなく，あくまで利用者の立場に立っ
て寄り添いながら支援することである。いわば，支援者は，利用者が適切に
「自己選択」できるような福祉サービスを提供しながら，利用者の「自己決
定」を尊重する姿勢が求められている。

　また，虐待を受けた児童の人権を擁護する「児童虐待の防止等に関する法律
（児童虐待防止法）」も2000（平成12）年に成立し，児童の権利擁護への関心が
社会全体で高まる一方で，家庭の貧困や児童買春さらには保護者による幼児殺
害等極めて厳しい環境にさらされている現状がある。こうした過酷な環境にさ
らされている児童を保護し養育する機能が施設には求められているが，施設職
員の児童に対する暴言や暴力等の施設内虐待によって児童の人権が著しく損な
われている事例も少なからずある。本来信頼すべき施設職員から虐待を受けた
児童の心の傷は計り知れず，相当な時間をかけて癒やしていく必要がある。

　施設内虐待は社会に対し，施設の信用を著しく失わせるものであり，どの施
設も同様の不適切な養育が行なわれているのではといった誤解や偏見を招く事
態となる。そして，何よりも当該施設だけでなく他の施設で生活する児童にも
不安や疑念を少なからず生じさせてしまうことも施設職員は留意しておくべき
ことである。

　施設運営の責任者である施設長は施設内虐待に至る原因を究明し，社会的信
頼を取り戻すための職員の意識改革と，そのための具体的行動をとらなければ
ならない。具体的には，利用者保護を目的として創設された施設内における苦

情解決の仕組みである苦情解決委員会やオンブズマン委員会を設置して，施設における支援全体の自己点検，自己評価を継続的に行なっていく必要がある。

　いずれにせよ児童の人格を尊重し，児童の最善の利益とは何かという問いに対して施設は真摯にこたえていかなければならない。

2───運営管理の意義

　施設の運営管理は，①施設の目的，機能，方策の決定とその明示，②施設の組織の明示，③人事管理，④記録作成・報告・広報活動，⑤財政に関する仕事が主たる内容である。これらの仕事を円滑に行なうためには施設長を初めとする施設職員の高い専門性が求められる。施設は，児童が快適に過ごし，社会的自立を果たすための条件を整えなければならない。

　これらは，児童福祉施設に共通する大きな基本機能であるが，障害児系施設では，児童の日常生活における自立（自律）に向けての治療的な支援も必要となるので，施設職員の専門性の重要性はさらに大きいといえる。養護系施設と障害児系施設とでは，児童に対する支援の内容が異なるため，施設の目的やその存在意義に違いが認められるが，共通していえることは，いずれの施設種別でも，児童にとって施設は「生活の場」であるということである。そこで生活する児童は健常児であれ障害児であれ，ひとしく人格や個性が尊重され，社会的自立が図られるための保障をしなければならない。なお，「保障」とは法律上の規定や理念ではなく，実際に行なわれてこその「保障」である。

　2012（平成24）年，厚生労働省は施設の類型別の運営指針と「里親及びファミリーホーム養育指針」を策定した（本書第5章参照）。この指針に基づき，施設種別ごとに「施設運営ハンドブック」が作成された。標準化された指針等をもとに，施設職員は，児童を愛護し，一人ひとりの多様なニーズにこたえられるような深い見識をあわせもたなければならない。施設長も，施設の設備やそれを担保する財源の確保，地域における社会資源としての施設の存在意義を日々模索する必要がある。

3───運営管理の基準

　施設を運営管理する根拠となる基本法は，児童福祉法，児童福祉法施行令，

児童福祉法施行規則，児童福祉施設の設備及び運営に関する基準（以下，「設備運営基準」）であり，施設はこれらの法律によって運営管理が規定されている。

「設備運営基準」は，当初は「児童福祉施設最低基準」という名称で1948（昭和23）年に制定・施行された。「児童福祉施設最低基準」が制定された目的は，戦後初期において，国の責任として施設の設備や職員配置基準等を定めることにより，児童の「生存権」を公的に保障するためであった。

設備運営基準第4条「最低基準と児童福祉施設」では「児童福祉施設は，最低基準を超えて，常に，その設備及び運営を向上させなければならない」とされ，同2項で「最低基準を超えて，設備を有し，又は運営をしている児童福祉施設においては，最低基準を理由として，その設備又は運営を低下させてはならない」と規定されている。つまり，施設が，福祉サービスの内容と，その水準の向上に努める責任が不断にあることを規定している。

また，施設で暮らす児童が「明るくて，衛生的な環境において，素養があり，かつ，適切な訓練を受けた職員の指導により，心身ともに健やかにして，社会に適応するように育成されることを保障するものとする」（設備運営基準第2条）とされており，日本国憲法第25条の「生存権」および児童福祉法第1条における児童福祉の理念が実際には，その職員の質によって保障される内容となっている。理念が保障されるということは，単に法的に規定されるのではなく，施設で暮らす児童の生活が現実に「生活の質」においてより快適な状態が実現してこそ「保障される」と考えることが重要である。

「設備運営基準」では，施設種別ごとの設備基準や，職員の配置基準等が示されているが，児童養護施設の設備基準や，職員の配置基準は以下のとおりである。なお，少年とは，児童福祉法でいう「小学校就学の始期から満18歳に達するまでの者」（小学生以上の児童）を意味している。

第四十一条
　二　児童の居室の一室の定員は，これを四人以下とし，その面積は，一人につき四・九五平方メートル以上とすること。ただし，乳幼児のみの居室の一室の定員は，これを六人以下とし，その面積は，一人につき三・三平方メートル以上とする。

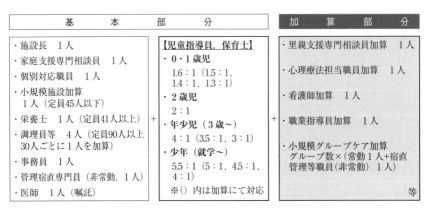

図7-1　児童養護施設の職員配置基準（厚生労働省，2019b）

第四十二条
6　児童指導員及び保育士の総数は，通じて，満二歳に満たない幼児おおむね一・六人に
つき一人以上，満二歳以上満三歳に満たない幼児おおむね二人につき一人以上，満三歳
以上の幼児おおむね四人につき一人以上，少年おおむね五・五人につき一人以上とする。
ただし，児童四十五人以下を入所させる施設にあつては，更に一人以上を加えるものと
する。

　職員の配置であるが，施設の仕事は24時間365日，勤務ローテーションを組
んで行なっているため，実際にはこれ以上の職員配置が必要なことを理解して
おく必要がある。単純にいうと，1人の職員が11人以上の児童の支援を行なっ
ている時間帯もある。職員の配置は，施設で暮らす児童の「生活の質」を向上
するうえで欠かせない問題である。施設職員の専門性の向上は，児童に対する
日常生活支援にとどまらず，児童が抱える心の問題にも適切に対処する必要が
あることからも，適切な職員配置の実現が期待されるのである。なお，国は，
虐待を受けた児童の増加等をふまえ，図7-1のように職員配置や加配の充実
に努めている。

4──運営費

　2000（平成12）年に介護保険制度が導入され，高齢者福祉は措置制度から契
約制度に移行し，障害者福祉も2006（平成18）年に「障害者自立支援法」の成
立に伴い従来の措置制度から契約制度に移行した。契約制度とは，利用者が福

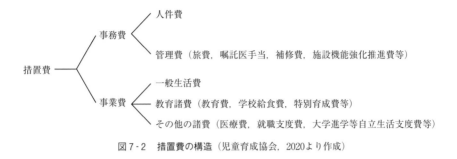

図7-2　措置費の構造（児童育成協会，2020より作成）

祉サービスの提供者（事業者）との契約に基づいてサービスを利用する制度で，保育所や母子生活支援施設等がそれに該当している。なお，「障害者自立支援法」は2012（平成24）年には「障害者総合支援法」と法改正が行なわれた。

　しかし，乳児院や児童養護施設等の社会的養護が必要な児童に対しては「措置制度」が存続している（ただし，障害児が虐待で施設に入所する場合や扶養義務者の所在不明等により福祉サービスの提供者［事業者］と直接に契約が結べない場合は従来の措置制度が適用される）。措置制度とは，福祉サービスを受ける要件を満たしているかを行政が判断し，そのサービスを行政権限として提供する制度である。社会的養護では，保護者の不在や虐待等で，保護者による利用契約ができないため，行政（児童相談所等）による措置制度を維持している。

　社会的養護関係施設の運営費は，図7-2のように国および地方公共団体から「措置費」として施設に支弁されている。措置費とは，施設への入所措置や里親委託の措置を行なった場合に，行政から施設や里親に対して支弁される経費を意味している。児童養護施設では，定員数によって大きく異なるものの，1施設あたり年間で1億5千万円から2億5千万円程度の運営費が動いている。そのほとんどが措置費であるが，寄附金も施設運営にとっては大きな収益となっている。支出で一番大きな割合を占めているのが人件費で，多くの施設では全体支出の65％から75％程を占めている。

　この措置費は「事務費」と「事業費」に大別される。事務費は施設の運営管理に必要な施設職員の人件費や管理費に充当される。施設職員の研修費も管理費に含まれている。事業費は乳児院や児童養護施設等に入所した児童の生活に

表7-1　措置費の国庫負担割合（厚生労働省，2019a）

経費の種別	措置等主体の区分	児童等の入所先等の区分	措置費等の負担区分		
			市町村	都道府県	国
母子生活支援施設及び助産施設の措置費等	市及び福祉事務所を管理する町村	市町村立施設及び私立施設	1／4	1／4	1／2
		都道府県立施設		1／2	1／2
	都道府県，指定都市，中核市，児童相談所設置市	都道府県立施設，市町村立施設及び私立施設		1／2	1／2
その他の施設里親の措置費等	都道府県，指定都市，児童相談所設置市	都道府県立施設，市町村立施設及び私立施設		1／2	1／2
一時保護所の措置費等	都道府県，指定都市，児童相談所設置市	児童相談所（一時保護施設）		1／2	1／2

注：措置費等の負担区分は，利用者あるいは扶養義務者が負担した額の残り額に対する割合である。

必要となる食費，被服費等の一般生活費に充当される。なお，障害児系施設は契約制度が導入された結果，従来の措置費に代わり障害児施設給付費が支弁される。

　施設の運営に必要な費用は，国および地方公共団体が支弁することが児童福祉法第4章「費用」において規定されており，その費用の多くは税金から賄われている。その国庫負担割合は，表7-1のように国と都道府県の2分の1ずつの負担割合が多い。

　なお，児童福祉法第56条で，「厚生労働大臣は，本人又はその扶養義務者（民法に定める扶養義務者をいう）から，都道府県知事の認定するその負担能力に応じ，その費用の全部又は一部を徴収することができる」と規定されており，利用者あるいは扶養義務者が支払う利用料や負担金も施設の運営費の一部となっている。

5——運営管理とサービス評価

　施設運営に際しては，その施設が提供できる施設サービスの内容を利用者である児童や保護者に説明し，利用者の意思を確認しつつ利用者を尊重した施設サービスが提供される必要がある。いわば利用者本位のサービス提供という，あらゆる社会福祉事業に共通する理念が施設運営に際しても浸透されなければ

ならない。施設では入所にあたり，こうした「重要事項」の説明が利用者（保護者）になされている。

　利用者本位という観点から，2000（平成12）年に改定された社会福祉法では，利用者保護のために社会福祉事業者には「苦情解決」の責務が制度として明確化された。また施設運営においては，施設サービスに対する児童や保護者からの苦情や意見・要望を聞くことにより，サービス内容の改善，水準のさらなる向上を図るために施設内に第三者が加わる苦情解決委員会を設置することが要請されている。苦情解決委員会を設置することで，施設運営の透明化，施設サービスの質，施設職員の専門性や資質，施設設備等についてサービス評価基準を作成することが求められている。さらに，施設運営における具体的な問題点を把握したうえで改善を図り，施設サービスの質の向上のために外部の専門的な委員らによる「第三者評価事業」を行なうこととされている。

　サービス評価基準を作成，適用することで施設自らが自己点検，自己評価し，さらに第三者の参画によって施設の公正，中立な立脚点から施設の専門的かつ客観的な評価がなされる。こうした施設の姿勢は施設種別問わずすべてに共通したものでなければならない。施設サービスの第三者評価事業では，施設サービスの利用者の声を直接把握し，施設の評価全体の参考とするために，施設サービスを利用している児童および保護者に「利用者アンケート」を行なうことが重要である。施設は，その運営において常に児童の声に耳を傾け，児童が本当に必要としている質，量ともに高い施設サービスを展開していくうえでも，公正，中立的な施設評価に対し真摯に向き合っていかなければならないのである。

節. 施設職員の運営管理

1——施設長の資質と役割

　施設長の資格要件は，「児童福祉施設最低基準及び児童福祉法施行規則の一部を改正する省令」で規定されている。たとえば，乳児院，児童養護施設，児童心理治療施設及び母子生活支援施設の施設長は，①精神保健または小児保健

（乳児院については，小児保健）に学識経験を有する医師，②社会福祉士，③勤務する施設と同じ種別の施設に3年以上勤務した者等のいずれかに該当し，かつ，厚生労働大臣が指定する者が行う研修を受けたものであって，人格が高潔で識見が高く，施設の運営能力を有するものとされており，2年に1回以上の施設長研修の受講が義務化されている。しかしながら，現代の日本の社会は経済的にも社会環境的にも多岐にわたる問題が生じており，それに伴う施設を利用する児童のニーズも複雑に多様化している。施設長はこの状況を的確に把握し，継続的に問題を解決し支援していくための具体的な方針や方策を明確かつ適切に提示できる運営管理能力が求められる。

　施設長は社会の変化に対応するために，専門性の高い施設職員を確保するとともに，施設職員へのスーパービジョン，労働条件の管理，リスクマネジメントを含む設備の安全管理，地域福祉に関する計画推進力等，職責が従来以上に増してきている。さらに施設は地域の社会資源のひとつであり，地域住民への理解と協働に尽力しなければならない。結果的に施設長としての資質が問われており，専門性の確保が必然的に重要となっている。

　施設長の役割は，施設で生活する児童の生命と人権を守ると同時に，児童の「生活の場」における責任者である。さらに，施設長は，地域の社会資源として，施設の機能を開放させていくという重責を担っている。また，施設長は施設職員に求められる高い専門性を維持，向上していくための研修の場を与え，施設職員を指導，監督していくための能力を保持しなければならない。

　それらに鑑みるとき，施設長の専門性の能力が高ければこそ，独自性や創造性豊かな児童の「生活の場」である施設となるのは言うまでもないことである。

2──施設職員の資質と役割

　施設職員は，施設で暮らす児童と接触している時間がとても長い。このことは，何らかの理由によりやむを得ず施設で生活することになった児童の状況を把握するうえで有利な立場にある。とりわけ障害児系施設で生活する児童は知的，身体に重複して障害があることも少なからずある。さらには医療による治療を必要とする病気を抱えていることもあるので，そうした児童の身体的な異常に速やかに気づき適切な対応をとるといった観点からも，児童と長い時間接

触する機会の多い施設職員は，日常生活において，児童の「生命」を守り，多様なニーズを把握できる身近な立場にいる。

　このように児童に関する情報を的確かつ速やかに把握するためには高い専門性が求められる。こうした専門性は日々の業務の積み重ねによって深まるが，施設内だけで専門性を向上させるだけではなく，施設外で実施される研修会で研鑽を積むことも重要であり，その必要性は設備運営基準第7条に明記されている。

　また，施設職員は児童の自立を支援するために，児童一人ひとりの人格と個性を尊重し，児童との間に信頼関係を構築しなければならない。そのためには専門職としての児童の理解が必要となってくる。児童の理解には，性格や生い立ち，発達段階だけでなく，その児童の家族や地域との関係等，児童を取り巻く環境全体の理解が必要となってくる。また，児童とのかかわりにおいて，児童が何故それを望むのか，あるいは拒むのか，そしてその背景にどのような理由があるのかを理解することが大事である。そして，さまざまな理由により施設生活を余儀なくされる児童の個性（発想や感覚，考え方等）が，これまでの自分の考え方の尺度と異なっているということに気づき，それを理解し受容していくことがたいせつである。

　そのためには専門職として，支援者としての自己を客観的に認識できることが重要である。施設職員も，それまでの人生のなかで形成されてきた人格と個性がある。そうであるが故に，そうした自己を客観的に認識し，支援者としての長所を伸ばすとともに未熟と思われる部分を謙虚に受け止め，専門職としての資質を向上させる取り組みが必要である。

　それには，何が必要で，どのような修練を積む必要があるかを自分自身で客観的に認識するといった「自己覚知」が必要となる。自己覚知はとても難しいため，先輩職員や主任から定期的にスーパービジョンを受けることで専門職としての技能が向上する。スーパービジョンとは，スーパーバイザー（先輩職員や主任）がスーパーバイジー（新人職員や若手職員）から施設の児童に関する事柄に対して適切な助言や指導を行なうことを意味している。

事例　職員の自己理解

　A園では，小規模グループケアを行なっている。小規模グループケアでは，できる限り家庭に近い環境で児童たちが共同生活している。新人保育士のBさんは，先輩職員のCさんと一緒に中高生中心の小規模グループケアに配属されることになった。

　Bさんは，新人職員研修で，職員の仕事は「自立支援」であると教わっていた。Bさんは，中高生に対し，食器洗い，掃除，洗濯等の身の回りのことができて当然だろうと考えていたため，それらができていないとその都度指摘や注意を行なっていた。次第に，中高生から反感や反発を買う場面が増え，関係性も悪くなってきたため，Bさんは次第につらい気持ちになっていった。

　思い悩んだBさんは，Cさんに相談すると，児童との関係づくりがとても大事なことや，生い立ちや発達段階等の児童の理解が支援にとって不可欠なことを丁寧に諭してくれた。Bさんにとって，家事は「あたりまえ」のことであった。それは，Bさんが，生まれ育った家庭で中学生の頃から家事を手伝っていたため，そのような価値観が知らず知らずのうちに形成されていたのだった。

　助言を受けたBさんは，職員室で中高生一人ひとりの育成記録（成育歴）を丁寧に読むことにした。ある児童は，幼少期から両親から暴力や暴言を受けており，小学生の低学年のときに，身体的虐待および心理的虐待で入所となっていた。施設生活では，ストレスがたまると情緒不安定になり，他児に対し暴言や暴力をふるっていた。また，両親の言動のフラッシュバックもたまに起こり，泣くことや物にあたる等の自傷行為，悪夢もあった。

　Bさんは，「自立支援」が念頭にあり，自身の価値観にしばられた結果，自己理解が乏しくなり，何よりも児童の心に寄り添っていなかったことに気がついていた。Bさんは，児童の理解が不十分であったことを反省した。そして，先輩職員や専門職，主任からスーパービジョンを受け，施設内研修や外部研修で児童の理解に関する知識を得たいと考えるようになった。

　その後，Bさんは，中高生一人ひとりときちんと向かい合いたいと思い，家事を一緒に取り組むことで，悪かった関係性も次第に改善されるようになった。

　施設職員は，職員間で信頼に基づく人間関係を構築し維持していくことも必要である。施設職員は，専門職を含めたチームで支援しているので，そうした職員間における信頼関係と協調性も施設での児童への支援を向上させることにつながる。

3──勤務条件

　施設の仕事は社会の一般的な仕事と比べたとき，勤務時間だけでは割りきれない内容を多分に含んでいる。それは，児童とともに「生活」しながら，児童

の成長や発達を促す仕事だからである。生活に終わりがないのと同様に，児童の支援に終わりはないため，勤務時間に関係なく，やろうと思えばいくらでもやれるのである。職員は，児童の甘えや要求に対して適切に対処する必要があり，児童間のトラブルがあればその対応もする。休日に，児童の授業参観日や，ケース会等が入る場合もある。

　つまり，職員には，「即応性」と「柔軟性」が求められており，誰よりも身近にいる分，児童の成長を感じられたときの喜びはひとしおである。また，施設職員は，児童の「生活の場」をより快適な環境にしていくうえで高い使命感と責任を必要とする。職員は，衣食住中心の日常生活支援が中心のため，安全で安心できる環境の整備が求められる。

　そうした施設での仕事を担っていくこと自体が意義のあることであるが，実際は職場の勤務条件に大きく左右されている。多くの施設では，通勤制の「断続勤務」を基本とする形態をとる施設が多い。「住み込み」の形態をとる施設もなかにはあるが少数である。断続勤務とは，児童の生活実態に合わせた勤務形態で，児童が施設で生活している時間帯に複数の職員を配置することで手厚くしている。つまり，朝の起床から登校までの時間帯と下校から就寝までの時間帯を仕事の中心に据えている。この形態は，児童を学校に送り出した職員が下校後の対応も継続して行なえるといった利点がある。反面，働く職員にとっては，心身面での負担が大きい形態でもある。施設にもよるが，週に1〜2回程度の宿直もあるため，職員には，日常的な体調管理が求められる。

　現在，「新しい社会的養育ビジョン」（厚生労働省，2017）に示されているとおり，国の方向として，施設の小規模化が全国的に推進されている。児童が家庭的な環境で生活することは，「あたりまえの生活」を保障することにつながるので一般的には好ましいことである。しかしながら，施設職員から見ると，「密室化」や「孤立化」する危険性もはらんでいる。児童とともに生活する空間によって，施設職員による養育が周りから見えにくくなるからである。またそこでは，ひとり勤務が多くなるため，1人で児童の課題を抱え込んでしまい，負担感や孤立感も強くなってしまうという問題もある。

　さらに，児童相手の感情労働のため，想像以上に体力や精神力を消耗してしまうことも多く，燃え尽き症候群（バーンアウト）に陥ってしまう職員もなか

にはいる。施設長には，施設職員が健康的で高い専門性を発揮できるために，施設職員の配置や業務の負担の軽減を図る責務がある。個々の職員の自助努力では限界があるため，理念に基づいた組織づくりが施設には強く求められるのである。

 研究課題

1．施設の運営管理が法的にどのように規定されているか，そのために施設での職員の職務分掌等はどうされているかを本や資料で調べてみよう。
2．施設を利用者（児童）本位のものとして運営管理していくうえで，施設職員にはどのような資質や能力が必要かグループで話し合おう。
3．施設が地域の社会資源としてあるためにはどのような機能が求められるか，施設関係者から具体的に聞いて考えてみよう。

推薦図書

●『児童養護への招待―若い実践者への手引き(改訂版)』　全国児童養護問題研究会編　ミネルヴァ書房
●『虐待を受けた子どもへの自立支援―福祉実践からの提言』　村井美紀・小林英義　中央法規出版
●『子どもの社会的養護内容―子ども・職員集団づくりの理論と実践』　堀場純矢　福村出版

Column 7

児童養護施設施設長の目から見た施設運営

　当施設が設立された1978（昭和53）年当時は児童養護に関する社会の理解が まだ乏しく，児童養護施設（以下，施設）を設立する際に地域住民の方々から 否定的な意見が寄せられた。「親のいない児童を集めて何をする気だ」という 疑念の声が多く，施設の意義と必要性が十分理解されていなかったことから反 対の声があがっていた。それらの声に対し，先々代の理事長が地域住民一人ひ とりに頭を下げて施設の必要性を丁寧に説明し，理解を得ることで設立に至る ことができた。設立後も，施設の入所児童と地域でいっしょに生活することへ の理解を得るまで長い時間がかかった。私が施設長として就任してからも， 先々代の理事長から行なってきた地域住民の方々への施設の意義と必要性を伝 え続ける姿勢は変わっていない。

　現在では「社会的養育」という言葉があるように，社会全体で支援が必要な 児童を養育していくという考え方が広まり，地域住民やボランティアの方々か ら多くの協力を得ることができている。それらは物資や食料の支援だけでなく， 学習支援や習い事のボランティア等多岐にわたる。施設の設立から始まり，当 施設の職員らとともに積み上げてきた地域住民やボランティアの方々との絆が， 施設と地域をつなぐ架け橋になっているのだと思うと感慨深いものがある。今 後も地域住民の方々との絆はたいせつに守っていきたい。

　児童養護に携わるなかで，責任の重さを痛感することが多々ある。施設で預 かっている児童が怪我や大病をすることなく元気に自立する，または保護者の 元に返すまで気が休まることがない。児童たちのたいせつな命を守ることの難 しさや大変さを施設長という立場になって改めて感じた。数十年前は児童養護 が社会的にもまだあまり知られていない状況で，預かっている児童の保護者に 私たちが行なっている養育を理解してもらうのに大変な苦労があった。今では 児童養護が世間的に良くも悪くも注目され，入所してくる児童の様子や施設の 体制も大分変わってきた。それでも児童や保護者と心を通わせるというかかわ りの根本的なところはいつまでも変わらないのだと確信している。

　児童養護は現在，転換期に差し掛かっており施設自体の在り方も大きく問わ れている。しかし，施設でいっしょに働く職員とともに児童に寄り添い，のん びりかつゆっくりと成長を見守りながら養育や自立支援に携わっていきたい。

第**8**章
社会的養護の今後の課題

　　全国児童養護施設協議会は，1995（平成7）年に発表した「児童養護施設の近未来像」のなかで，「児童中心主義」「利用者側にたったサービス提供」「地域資源としての施設」を基本理念としたサービスの多元化と地域化について提言した。さらに2001（平成13）年10月に「児童養護施設の近未来像Ⅱ」を発表した後，厚生労働省も2007（平成19）年11月に「社会的養護体制の充実を図るための方策について」，2011（平成23）年7月に「社会的養護の課題と将来像」を相次いで出し，社会的養護の今後の改革の方向性を示してきた。

　　しかしながら，厚生労働省から2017（平成29）年8月に公表された「新しい社会的養育ビジョン」は，これまでの改革の方向性を大転換させる衝撃的な内容であった。なかでも，「家庭養育優先原則」は，今後の社会的養護のあり方に多大な影響を及ぼす重要な内容であった。本章では，「新しい社会的養育ビジョン」の全体像を概観するとともに，家庭養育優先の要となる里親制度のあり方，今後の家庭養育支援の1つの方向である学齢児を対象とした「スクールソーシャルワーク」の必要性について提言していく。

1節. 改正児童福祉法と新たな児童(子ども)家庭福祉の構築

1──新しい社会的養育ビジョンの概要とポイント

⑴ 改正児童福祉法と新しい社会的養育ビジョン

国は,2011(平成23)年7月,「社会的養護の課題と将来像」(以下,「課題と将来像」)のなかで,原則として家庭(的)養護を優先するとともに,施設養護もできる限り家庭的な養育環境の形態に変えていく必要があるとして,ファミリーホームを含めた里親等委託率を今後10数年で3割以上にする目標を掲げ,社会的養護の改革を進めてきた結果,里親等委託率は5年間で5%程度上昇した。「課題と将来像」は,「本格的な脱施設化をめざすものではなく,既存の施設の生き残りを重視した折衷案という性格が強いものであった」(吉田,2018)という指摘にもあるように,依然として施設養護中心の体制は維持されてきていた。

2016(平成28)年5月,「児童福祉法等の一部を改正する法律」(以下,改正児童福祉法)が成立し,2017(平成29)年4月1日より完全施行された。今回の改正では,その理念に「児童の権利に関する条約の精神にのっとり」という文言が明記され,その理念があらゆる法令の原理として位置づけられた。社会的養護の領域においても,これまで以上に児童の権利保障を基盤とする実践が求められるようになった。

「新しい社会的養育ビジョン」(2017年8月,以下,「養育ビジョン」)は,「課題と将来像」を全面的に見直した内容になっており,改正児童福祉法の理念が具現化されたものである。

さらに,本改正では,児童が権利の主体であることを明確にしたうえで,家庭への養育支援から代替支援までの社会的養育の充実とともに,家庭養育優先の理念を規定し,実親による養育が困難であれば,特別養子縁組による永続的解決(パーマネンシー保障)や里親による養育を推進することが明確にされた。その具体的な取り組みとしては,都道府県における家庭的養育推進計画があげられるが,「家庭的養護と個別化」を行うなかで,「あたりまえの生活」の保障と「自立支援」を行うことがあらためて施設養護に対して厳しく問われている。

　また，「養育ビジョン」では，「里親委託率を3歳未満児については概ね5年以内に，それ以外の就学前の子どもについては概ね7年以内に75％以上とする」「就学前の子どもについては原則として新規措置入所を停止する」ことなどの具体的数値目標が示されており，今後の社会的養護のあり方に大きな影響を与える内容となっている（本書第1章・第2章参照）。

(2)　新しい社会的養育ビジョンに対する意見と提言

　全国児童養護問題研究会（2017）（全国の養護系施設関係者の自主的な勉強会）は，「養育ビジョン」が示す全体像が児童の権利を基礎にしていることには賛同しつつも，児童の権利の観点からみて，また今後の日本の児童福祉，とりわけ社会的養護のあり方に対する影響と責任の観点からみて，看過できない問題があるとして意見を表明している。

　このなかで，「『ビジョン』は，養護を必要とする子どもとその養育者との個別的な愛着関係の重要性を過度に強調しており，それぞれが他者との関わりあいのなかで生活している現実，また，そこで育ちあっている現実とその重要性を過小評価していると言わざるを得ません」として，施設か里親かという「二者択一」ではなく，両者がともに児童の権利擁護を進める「二者発展」の改革の必要性を主張している。

　また，全国児童養護施設協議会（2018）も，「養育ビジョン」の方向性自体は受け入れつつ，「児童養護70年余の歩みを一括りにして，施設そのものが，子どもの発達を阻害してきた要因として片づけられ，施設が愛着障害の場であるとさえ批判されたわけです。運営のあり方にまで言及して批判の対象とされてきたのです」と批判している。

　こうしたなかでは，「養育ビジョン」の方向性は認めつつも，現実離れした，短期間での過大な数値目標に対する批判の声が，多数を占めている。このような批判に対して，国の担当者は「数値目標により機械的に施設入所を止めたり，里親委託をしたりするわけではない。子どもの権利を守るため国や自治体に意識改革を投げ掛けている」と理解を求めている。

　これまで歴史的に日本の社会的養護の大部分を担ってきた，児童養護施設の役割を過小評価してはならない。しかしながら，国際的にも批判されている，一部の施設の劣悪な施設環境の問題，逃げ場のない施設のなかで，現実に起き

ている児童の人権侵害に関わる事件や事案に対して，今後，職業団体としてど
う向き合っていくのか。こうしたことは，一部の施設の問題であるとしながら，
他人ごとや対岸の火事として，業界全体で真剣に向き合ってこなかったのでは
ないか。良い職員や快適な施設環境に恵まれた児童らがいる一方で，劣悪な施
設環境で過ごさざるを得ない児童らのいる現実をどう受け止めるのか。10年後，
20年後を目標とする改革は必要だが，その間，「今」を生きる児童たちの生活
をどう保障し，自立を支援していくのか。

　このような厳しい問いかけに，児童養護施設を中心とした業界団体は，どの
ように答えるのか。「養育ビジョン」が投げかける意識改革は，国や自治体に
対してのみ求められるものではなく，社会的養護に携わるすべての者に求めら
れる実際的かつ切実な課題である。

(3)　新たな児童（子ども）家庭福祉の構築

　改正児童福祉法では，改正の大きなポイントが2つある。1つは「児童の権
利を基盤とする」という点で，もう1つの重要なポイントは，「家庭養育優先
原則」である。この原則は，「児童の権利条約」の実施の強化を目的とした国
連の指針にも示されている（本書第2章参照）。児童の養育にあたっては，ま
ずは地域における家庭のなかで，児童が健全に育つように地域での家庭支援を
充実させていくことが必要であり，「児童が家庭において心身ともに健やかに
養育されるよう，児童の保護者を支援しなければならない」と，改正児童福祉
法には家庭支援の推進が明記されており，家庭養育優先の理念が盛り込まれた
（第3条の2）。このことは，地域での在宅支援が困難な時には，里親や小規模
住居型児童養育事業（以下，ファミリーホーム），養子縁組といった家庭と同
様の養育環境における養育を2番目の選択肢とすることを意味しており，厚生
労働省局長通知（2016年6月3日付け）には，就学前の乳幼児は家庭養育を原
則とすることも記載された。

　また，「里親委託ガイドライン」（2017年3月）には，乳児院から措置変更す
る児童は原則として，里親委託への措置変更を検討すること，施設から里親へ
の移行期間は，乳幼児の場合には，日から週単位，長くとも数ヶ月以内といっ
た目安が具体的に示された。

　「養育ビジョン」は，先述したとおり改正児童福祉法の理念を具現化すると

ともに，「新たな児童（子ども）家庭福祉」の実現に向けた制度改革の全体を鳥瞰しつつ，これらを踏まえて「課題と将来像」を全面的に見直すことによって作成された。社会保障審議会児童部会の「新たな子ども家庭福祉のあり方に関する専門委員会報告（提言）」には，「社会的養護の充実強化と継続的な自立支援システムの構築」の項目として，以下の5点があげられており，これらの内容は「養育ビジョン」のなかにも反映されている。

　①里親制度の充実強化

　②就学前の子どもの代替的養育の原則

　③特別養子縁組制度の利用促進のために必要な措置

　④施設ケアの充実強化

　⑤社会的養護の対象となった子ども等に対する自立支援のあり方

　「養育ビジョン」がめざす「家庭養育」の意味は，「家庭的環境（家庭的な養育環境）」ではなく「家庭と同等の養育環境」である。したがって，社会的養護のなかで，「家庭養育」が優先されているかどうかの指標は，養子縁組やファミリーホーム，里親の数によって示されることとなる。「養育ビジョン」の数値目標を達成するためには，養子縁組をはじめファミリーホームと里親制度の充実強化が喫緊の課題である。

2──家庭養育環境の整備と里親支援

(1)　家庭養育環境の整備

　①里親制度の現状と課題

　社会的養護には，大別すると児童養護施設や乳児院などの「施設養護」と，里親やファミリーホームなどの「家庭（的）養護」の2種類がある。家庭（的）養護に含まれる里親制度には，「親族里親」「養育里親」「専門里親」「養子縁組を希望する里親」の4種類があり，「特別養子縁組制度」は「家庭（的）養護」のなかの「養子縁組を希望する里親」の1つとして位置づけられている（本書第3章・第4章参照）。いずれも児童の福祉を実現するための制度であり，子をもつことを希望する親のための制度ではない。

　里親が増えない背景には，なり手不足に加えて支援体制の不十分さがあるといわれ，2012（平成24）年度から児童養護施設や乳児院に里親支援専門相談員

（里親ソーシャルワーカー）の配置が始まり，里親委託の推進および里親支援の充実を図っている。同時に，里親を増やすための具体的な施策とその財源確保も必要であり，増加に伴う質の維持も必要である。

②ファミリーホームの現状と課題

ファミリーホームは，里親型のグループホームとして以前から自治体で行われていた事業が，児童福祉法改正（平成20年）で「小規模住居型児童養育事業」として法定化された制度である。ファミリーホームは，「家庭（的）養護」の一類型として，里親のうち多人数を養育する事業形態をとり，養育者の住居に児童を迎え入れ，相応の措置費の交付を受け，児童の養育を行う。

しかし，実施後3年が経過し，里親から移行したファミリーホームの他に，新たに開設したファミリーホームのなかには，施設分園型のグループホームとの相違があいまいな形態も生じてきたことから，本来の理念を明確にする必要性が出てきた。

そこで国は，ファミリーホームを「里親及びファミリーホーム養育指針」のなかで，「ファミリーホームは，児童を養育者の家庭に迎え入れて養育を行う家庭養護である」という理念を明確化し，「ファミリーホームは，里親が大きくなったものであり，施設が小さくなったものではない」と位置づけ，里親と一体のものとして示されることとなった。

さらに，制度化から5年が経過して発行された「ファミリーホームの設置を進めるために」（平成26年3月）では，ファミリーホームのハードとソフトの両面における課題が顕在化してきており，「ファミリーホームの課題と対応」として，以下の4点が指摘されている（厚生労働省雇用均等・児童家庭局，2014a）。

1）ファミリーホームの設置を進める際には，量的整備に加え，養育の質が担保されることが不可欠である。

2）個々の子どもの課題に応えることのできる養育力を養育者・補助者が備えることと，人材育成や確保が不可欠である。

3）安定的に地域にファミリーホームが存在していくためには，里親委託を進め，養育里親を育成していくことが必要である。

4）被措置児童等虐待の防止は，ファミリーホームにおいても課題であり，

　　ファミリーホームが孤立化しない仕組み作り，透明性の確保，補助者の
　　役割確認等，ファミリーホームへの支援体制を整えることが必要である。

(2)　里親支援の現状と課題

　日本における社会的養護は，大きな変革の時期を迎えている。それは，本章
1節1項で述べたとおり，児童福祉施設における施設養護中心の社会的養護か
ら，より家庭的な環境において養育する家庭（的）養護を推進する方向への大
きな転換である。

　今後は，家庭（的）養護において「里親」が，中心的存在として重要な役割
を担うことが求められている。里親委託を進めていくうえで，重要なのが里親
支援である。国は，2008（平成20）年の児童福祉法の改正において，それまで
の「里親支援事業」と「里親委託推進事業」を統合し，「里親支援機関事業」
を実施した。本事業は，里親委託を推進するために，里親制度を積極的にPR
するとともに，里親を育て，支えていく体制の整備を図ることを目的とし，乳
児院，児童養護施設等の施設やNPO法人などへ委託された。

　さらに，2016（平成28）年の児童福祉法の改正を受け，里親等への委託を推
進するため，里親の普及啓発から里親の選定および里親と児童との間の調整な
らびに児童の養育に関する計画の作成までの一貫した里親支援および養子縁組
に関する相談・支援を総合的に実施することを目的に，「里親支援機関事業」
を廃止し，2017（平成29）年4月より新たに「里親支援事業」が創設された。
一方で，里親支援の課題としては，下記のような7項目があげられる。
　①地域における里親理解のための取り組みの必要性
　②里親支援担当者の確保・養成・育成とスキルアップ
　③委託解除前・後の里親支援
　④関係機関の情報共有
　⑤当事者同士の支援の場の構築
　⑥里親の確保と里親のスキルアップ
　⑦里子の発達支援と就労支援

2節. 社会的養護とスクールソーシャルワーク

1——社会的養護と学校教育

(1) 社会的養護と教育支援

　全国児童養護施設協議会（2006）によれば，施設入所児の進学後1年の高校中退率は，7.6%と全国平均2.1%の約3倍である。また，施設入所児の多くが「学力困難校」に進学しており，施設入所児が学校において学業や行動面で著しい困難を抱えていることが指摘されている（村松・保坂，2016）。

　また，里親に委託されている児童のうち約3割，乳児院に入所している児童のうち約4割，児童養護施設に入所している児童のうち約6割が虐待を受けている。さらに，社会的養護を必要とする児童においては，障害等のある児童が増加しており，児童養護施設においては28.5%が障害ありとなっている（本書第6章参照）。このことは，施設入所児のなかには特別なケアを必要とする児童が多数含まれていることを示しており，平日の日中のほとんどを学校で生活する施設入所児にとっては，学校内での特別な配慮ないしはケアが必要であることを意味している。したがって，学校が施設入所児に対して教育支援を行う場合には，施設と学校との連携・協働が求められ，支援内容によっては，関係機関との連携・協働も不可欠となる。

(2) 社会的養護と学力保障

　「児童養護施設運営ハンドブック」の運営指針（厚生労働省雇用均等・児童家庭局，2014b）には，「学習環境の整備を行い，学力等に応じた学習支援を行う」ことが示され，「学力に応じて学習の機会を確保し，よりよき自己実現に向けて学習意欲を十分に引き出す」ことと，「公立・私立，全日制・定時制にかかわらず高校進学を保障する。また，障害を有する子どもについては特別支援学校高等部への進学を支援するなど，子どもの学習権を保障する」ことが記載されている。

　児童養護施設の入所児童は，概して低学力の状況にあり，本来，もっている能力を発揮できないまま，低学力に甘んじている子も少なくない。したがって，児童養護施設では児童の潜在的可能性を引き出していけるように学習環境を整

備していくことが求められる。また，低学力の一因として考えられるのが，自己肯定感の低さであり，自己肯定感の低い児童は，自分の将来に希望をもち目標を立てて努力していくエネルギーが不足している。このエネルギーは，児童の健全な成長を願う家族や職員の存在があって生まれ，落ち着いた生活環境のなかで育まれていくことから，物理的な学習環境ばかりに注目するのではなく，過度の期待ではなく，その子がその子らしく力が発揮できる事を願いながらのかかわりがたいせつである（厚生労働省雇用均等・児童家庭局，2014b）。こうしたことの必要性は本書第5章や第6章でも指摘されているとおりである。

(3)　関係機関等との連携

「児童養護施設運営ハンドブック」の運営指針には，「幼稚園，小・中学校，高等学校，特別支援学校など子どもが通う学校と連携を密にする」ことが示され，「子どもに関する情報をでき得る限り共有し，協働で子どもを育てる意識を持つ」こと，「子どもについて，必要に応じて施設の支援方針と教育機関の指導方針を互いに確認し合う機会を設ける」こと，「PTA活動や学校行事等に積極的に参加する」ことが記載されている。

施設の役割や機能を達成するために必要な社会資源には，児童相談所や福祉事務所を始めとして保健所，公共職業安定所，社会福祉協議会，病院，幼稚園，学校，警察，地域内のほかの事業所，ボランティア団体，NPO，各種自助組織，町内会・自治会等があげられる。児童や家族の支援には関係機関・団体等との連携が必要不可欠であり，必要に応じて関係機関・団体等の参加のもとにケース会議を開催して情報の共有化を図るとともに，具体的な支援方針を定め，それぞれの機関・団体の具体的な取り組みを確認することがたいせつである。

こうした機関との連携のなかでも学校とのそれは最も重要である。児童養護施設の児童は，低学力や不登校など学校教育上の問題を抱えている場合が多く，学校不適応が将来的に社会不適応につながりかねないことを考えれば，楽しく生き生きと学校生活を送れることがたいせつである。そのためにも，施設と学校はそれぞれの役割を理解し合い，連携して子どもの支援に取り組むことが求められる。連携には，日ごろからの連絡を密にし，子どもに関する情報を共有することが何よりもたいせつである。もちろん，個人情報の保護の観点に立てば，情報の共有化には十分な配慮と適切な管理が必要であることは断わるまで

もないことである（厚生労働省雇用均等・児童家庭局，2014b）。

2 ──社会的養護現場でのスクールソーシャルワークの必要性

(1) スクールソーシャルワークとは

①教育福祉実践とスクールソーシャルワーク

「教育福祉」は，社会福祉とりわけ児童福祉サービスにおける学習・教育保障の課題・問題を意味し，教育（学校）分野における福祉的課題や問題を解決するための制度的意味合いの強い概念である。こうした概念に基づき，貧困問題や児童虐待など，教育現場で起きているさまざまな福祉的課題・問題に対して具体的に支援していくのが教育福祉実践である。

「スクールソーシャルワーク」（以下，SSW）は，教育福祉実践の重要な実践の1つであり，その活動の起源は1906（明治39）年の米国の訪問教師による，不就学・長欠児への支援であるとされている。日本においても，1949（昭和24）年以降，高知県などで不就学・長欠児対策として，福祉教員等による訪問教師制度が実施され，同種の制度はその後，千葉，栃木，静岡，奈良，愛媛，福岡の各県および尼崎，伊丹，甲府の各市においても取り入れられ，「訪問教諭」や「長欠対策主任」「カウンセラー教師」「訪問教師」等の名称で，全国各地の長欠・不就学児童・生徒対策の中心的役割を担っていた（岡村，1963）。

日本で初めて，自称「スクールソーシャルワーカー」（以下，SSWer）として，教育福祉実践が行われたのは，埼玉県所沢市での山下英三郎による実践である。米国でSSWを学んだ山下は，嘱託の教育相談員として所沢市教育センターに勤務し，1986（昭和61）年から1997（平成9）年までSSWの先駆的な実践を行った。以来，日本では山下のSSW実践が，教育現場における「SSW＝教育福祉」実践モデルとして認知されるようになっていった。

2000（平成12）年代前半，少年による凶悪事件が多発し，学校現場においても授業妨害や対教師暴力が増加していた。こうした状況を受けて文部科学省は，2002（平成14）年4月より非行等の問題行動のある児童生徒への支援として「サポートチーム等地域支援システムづくり推進事業（2004（平成14）年度より，『問題行動に対する地域における行動連携推進事業』に移行）」（以下，行動連携事業）を立ち上げた。さらに，2003（平成15）年度には，不登校児童生

徒への積極的な支援として「スクーリング・サポート・ネットワーク整備事業」（以下，SSN事業）を立ち上げた。

　これら事業の大きな特徴は，関係機関の機動的連携と積極的な社会資源の開発・活用にあり，SSWと密接に関連している。とくに，行動連携事業においては，これまでの関係機関の組織代表者レベルでの情報連携ではなく，実務担当者レベルでの行動連携を主体とした機動的連携をめざしている点において，ソーシャルワークにおけるケースマネジメントに近い方法がとられている。

　行動連携事業とSSN事業は，ともに2006（平成18）年度まで続けられたが，2007（平成19）年度にこれら2つの事業が統合され「問題を抱える児童等の自立支援事業」（以下，自立支援事業）として実施された。当時，文部科学省は，複雑な要因をはらんだケースへの対応として，自立支援事業のなかでSSWerの配置を勧めており，これが日本において国が実施したSSWer活用の初発となった。

　文部科学省は，自立支援事業でのSSWer活用の成果を待たずして，2008（平成20）年度からSSWer活用事業（調査研究委託事業）をスタートさせ，2009（平成21）年度から「スクールカウンセラー活用事業」（以下，SC活用事業）と同じ補助事業として実施した。

　②SSWerの位置づけと役割

　SSWer活用事業は，SC活用事業と同様に，国の「教育振興基本計画」や「生徒指導提要」のなかにも位置づけられる，重要な生徒指導施策の1つである。また，文部科学省のいじめや虐待，教育相談等への対応の各種報告書のなかにも，教育現場でのSSWerの活用が示されている。

　文部科学省は，SSWerとスクールカウンセラー（以下，SC）との役割の違いを下表のように示している。両者の違いは，一般的に，SCは「児童・生徒の心の問題」に，SSWerは，「児童・生徒を取り巻く環境」にそれぞれ着目し，問題解決を図るところにあるとされてる。しかしながら，相談場面での技術的側面や面接手法に関しては共通性があり，互いの違いを明確に説明するのは困難である。

　SSWerは，都道府県で活用される場合，教育委員会に雇用され，教育事務所等の所属長の指揮監督のもと，派遣された市町村教育委員会および市町村立

表8-1　スクールカウンセラーとスクールソーシャルワーカーの役割等（文部科学省，2015）

名称	スクールカウンセラー	スクールソーシャルワーカー
人材	児童生徒の臨床心理に関して高度に専門的な知識・経験を有する者	教育分野に関する知識に加えて，社会福祉等の専門的な知識や経験を有する者
おもな資格等	臨床心理士，精神科医等	社会福祉士，精神保健福祉士等
手法	カウンセリング（子どもの心のケア）	ソーシャルワーク（子どもがおかれた環境（家庭，友人関係等）へのはたらきかけ
配置	学校，教育委員会等	教育委員会，学校等
主な職務内容	①個々の児童生徒へのカウンセリング ②児童生徒への対応に関し，保護者・教職員への助言 ③事件・事故等の緊急対応における児童生徒等の心のケア ④教職員等に対する児童生徒へのカウンセリングマインドに関する研修活動 ⑤教員との協力の下，子どもの心理的問題への予防的対応（ストレスチェック等）	①家庭環境や地域ボランティア団体へのはたらきかけ ②個別ケースにおける福祉等の関係機関との連携・調整 ③要保護児童対策地域協議会や市町村の福祉相談体制との協働 ④教職員等への福祉制度の仕組みや活用等に関する研修活動

学校の学校長の指示を受けて業務を遂行する。

　神奈川県教育委員会（2011）は，SSWer を「教育の分野に加え，社会福祉に関する専門的な知識や技術を有する者で，問題を抱えた児童・生徒に対し，当該児童・生徒が置かれた環境への働きかけや，関係機関等とのネットワークの構築など，多様な支援方法を用いて課題解決への対応を図っていく人材」として，次のような役割を担う専門職として位置づけている。

　1）問題を人と環境との関係においてとらえ，問題を抱えた児童・生徒とその置かれた環境への働きかけを行う。

　2）学校だけでは対応が困難な事例は，ケース会議等を開催し，関係機関等と連携して支援を行う。

　3）チーム支援体制を構築し，役割分担を行い，社会福祉の専門的視点に基づく具体的支援を行う。

　4）保護者や教職員等に対する支援・相談・情報提供を行う。

　5）教職員等への研修活動を行う。

　「社会福祉の専門的視点」とは，ただ単に社会福祉に関する専門知識や技術をさしたり，児童・生徒や保護者を関係機関につないだりすることだけではな

く，ソーシャルワークの理念や価値を含む，以下の内容が含まれる。

1）児童・生徒の利益や権利を最優先する姿勢

2）児童・生徒の自己決定を尊重する姿勢

3）児童・生徒の環境や生活全体をとらえる視点

4）児童・生徒の本来もっている資源や力（ストレングス）に注目し，その力をさらに高めたり強めたり（エンパワメント）して支援していく視点

5）秘密保持の姿勢

③SSW実践への期待と課題

　SSWerの最も重要な役割は，下表の支援状況にみられるように，児童らが楽しく学校に通い，教育を受けられる環境を整えることである。そのためには，児童だけでなく，児童の重要な環境としての，親や教師を支援することがたいせつである。児童虐待や過度な厳しいしつけ，親の誤った教育観など，さまざまな要因による不適切な親の養育態度を改めるには，環境調整が不可欠である。また，児童の障害や親の疾病，貧困，DV等に起因する，不適切な家庭環境や教育環境に対する支援についても同様である。親への支援も含めて，適切な関係機関との連携のもと，児童と親（家庭），教師（学校）をあわせて支援していくことが必要である。

表8-2　スクールソーシャルワーカーについて（継続支援対象児童生徒の抱える問題と支援状況）（文部科学省，2015）

		H26年度	【参考】H25年度
継続支援対象児童生徒の抱える問題と支援状況	①不登校への対応	12,183	11,222
	②いじめ問題への対応	857	1,276
	③暴力行為への対応	990	1,100
	④児童虐待への対応	2,981	2,615
	⑤友人関係	2,875	2,828
	⑥非行・不良行為	2,005	2,186
	⑦家庭環境の問題	13,565	12,913
	⑧教職員等との関係の問題	1,738	1,814
	⑨心身の健康・保健に関する問題	3,333	3,544
	⑩発達障害等に関する問題	7,828	6,946
	⑪その他	3,427	3,753

　こうした支援を効果的に進めるためには，多角的な情報収集と関係機関との連携が不可欠である。また，校内外でのケース会議の開催や児童や家庭を支援するのに必要な地域の社会資源の把握など，教育相談体制を構築していくことが求められる。こうした支援体制の舵取り役を担うのも，SSWerの重要な役割である。

　しかしながら，SSWerの活用にあたっては，SSWerが保護者や児童の情報収集の道具として活用されることが懸念される。また，信頼関係が構築される前に，家庭の問題やプライバシーに踏み込み過ぎることを心配する声も聞かれる。こうした不信や不安に応えるためには，教育委員会がSSWerにスーパービジョンと研修を受けられる体制を整え，質の高いSSWerを育てていくことが重要である。

　④国の新しい施策とSSW

　＜「チームとしての学校」構想とSSW＞

　文部科学省は，学校教育をめぐる環境の変化や新しい諸課題に対応するために，2014（平成26）年9月，中央教育審議会に「チームとしての学校・教職員の在り方に関する作業部会」を設置した。審議会のなかでは，これからの学校の組織や運営，教職員の仕事のあり方等が検討され，2015（平成27）年12月に「チームとしての学校（答申）」がまとめられた。

　「チームとしての学校」構想の背景には，2つの点が指摘されている（小川，2016）。第一は，児童生徒の同質性が弱くなり，多様な児童生徒が在籍するなかで，学校教育が複雑化，困難化し，問題も深刻化してきているため，教員だけでの対応では難しい状況になっている点である。そして，第二は，広範囲に及ぶ教員の業務が，教員の本来業務である授業等の教育指導に深刻な影響を及ぼしている点である。前者に対しては，SCやSSWer，弁護士など，その分野の専門スタッフの力（多職種の専門的知見・技能）を活用することを想定している。また，後者については，生徒指導や特別支援教育，部活動等をより効果的かつ効率的に遂行し，充実させていくために，他の専門スタッフと連携・分担する体制を整備し，それぞれの専門性を生かして，チームとして組織的に学校を運営していくことを想定している。

　＜「学校プラットフォーム」とSSW＞

　「学校プラットフォーム」構想は，学校を児童の貧困対策のプラットフォームと位置づけ，①学校教育による学力保障，②学校を窓口とした福祉関係機関との連携，③経済的支援を通じて学校から児童を福祉的支援につなげ，総合的に対策を推進するとともに，教育の機会均等を保障するために，教育費負担の軽減を図ろうとする，文部科学省の教育施策である（小川，2016）。

　「学校プラットフォーム」は，文部科学省においても明確に定義されているわけではないが，1つは，学校が児童の貧困対策を展開する場として機能していくことを意味している。また，もう1つは，学校をさまざまな支援が必要な，児童生徒の全数把握の場として機能させることを意味している。前者においても，後者においても，教育現場でSSWerは，要としての重要な役割を担う専門職として位置づけられ，その活躍が期待されている。

(2)　社会的養護とSSW

　児童福祉施設や里親の元で生活している学齢期の児童ら（以下，施設等児童生徒）のなかには，平穏な生活が保障されていない児童らがいる。その原因は，施設や里親によって発生する場合もあれば，学校生活によって発生する場合もある。親の虐待や養育放棄から，やっとの思いで逃れてきた児童にとって，施設や里親は，いわば「最後の砦」である。これ以上，逃げ場のない児童にとっては，そこでの生活に耐えるしかない。こうした児童らの生活や権利を誰が保障し，支援していくのか。

　また，施設などでの児童生徒の学校生活は，さまざまな場面で配慮が必要となる。たとえば，施設等児童生徒が，「生育歴や家族に関連する内容が含まれる授業」に遭遇することは，複雑な生いたちを抱える当事者にとって，心の傷に対するとても侵襲性の高い授業となる。こうした授業に対して，対応を求められる施設職員や里親にとっても，対応の仕方によっては，今後の児童との関係性に大きな影響を及ぼすことになる。施設や里親家庭における，実父母の存在を児童に伝える「真実告知」の問題は，学齢期の児童にとっては，施設や家庭内だけの問題ではなく，学校生活においてもとりわけ配慮が求められる。

　さらに，先述したとおり，施設等児童生徒のなかには，障害・疾病への対応や心のケアの必要な児童も増えてきており，当然のこととして，学校や他機関との緊密な連携が必要である。そして，支援内容によっては，クラスメイトや

その保護者，あるいは学校全体や地域を含めて，理解や協力が求められることもあり得る。前項で紹介した SSW は，こうした施設等児童生徒の支援に活かすことができる有効な実践であるといえる。

研究課題

1．児童養護施設で生活している児童にとって，なぜ家庭（的）環境が必要とされるのか考えてみよう。
2．児童福祉施設で生活している児童が，安心して施設の生活を送れるようにするためには，どのような権利が保障される必要があるかグループで話し合ってみよう。
3．児童養護施設や里親家庭から学校に通う児童に対して，学校ではどのような配慮や支援が必要か本や資料で調べてみよう。

推薦図書

●『施設・学校現場が拓く児童家庭ソーシャルワーク―子どもとその家族を支援するすべての人に』櫻井慶一・宮﨑正宇　北大路書房
●『社会的養護の子どもと措置変更』伊藤嘉余子　明石書店
●『＜施設養護か里親制度か＞の対立軸を超えて』浅井春夫・黒田邦夫　明石書店

子育て支援と社会的養護

　最近は，「子育て支援」という言葉が，いろいろなところで使われるように
なってきている。そして，この言葉は使われるＴ・Ｐ・Ｏによって，その意味す
る内容もまちまちである。

　「子育て支援」とは，そもそも「だれが」（支援主体），「だれを」（支援対象），
「どこで」（支援場所），「いつ（いつからいつまで）」（支援時期），「何を」「ど
のように」（支援方法），支援するのだろうか。

　この言葉が使われ始めた最初のころは，これらの内容がかなり限定的にとら
えられていたように思われる。このことは今日でも，「子育て支援」というと，
保育所やその他の児童福祉施設に併設された「地域子育て支援センター」に代
表されるように，ある特定の相談機関で，おもに就学前の乳幼児の父母を対象
になされる支援としてとらえられていることが多いように思われる。

　しかし，今日求められている「子育て支援」には，もっと幅広い，より深い
次元での支援が求められている。それは，場合によってはこれまでのように子
どもたちの家庭での生活を基盤とした親への支援だけでなく，子育て支援の過
程で子どもたちが一時的に入所施設を利用したうえで，家庭復帰をめざした子
育て支援をしていくこともあり得ることを意味している。また，2002年から
実施されている「専門里親制度」を利用しての子育て支援も，今後は大いに活
用されることが期待されている。そして，さらに私たちが認識を改めなくては
ならないのは，支援対象のとらえ方である。これまでのように「子育て支援」
を就学前の父母にのみなされる支援としてとらえるのではなく，学齢期の子ど
もを育てている父母に対しても必要な支援である，という認識が必要である。

　児童養護施設や知的障害児施設などの児童福祉施設では，施設の専門性を活
かしながら，これまでも子育て支援に関わる事業を実施してきている。それは，
ただ親の話を聞いて親の思いを理解したり，助言したりするということだけで
はなく，入所施設としての機能やそれぞれの施設職員の専門性を活かした支援
というのが，実際にはなされてきている。しかし，こうした取り組みは，児童
福祉施設全体からみれば，まだまだ十分な取り組みにはなり得ていない。地域
福祉の進展にともない，今後，あらゆる分野の福祉施設は地域福祉を支える重
要な社会資源として位置づけられるようになってくる。このことは，児童養護
施設をはじめとした社会的養護に関わるすべての施設においても例外ではない。

施設を巣立った子どもたちが
今思うこと

小林　倫大

はじめに

　関東の児童養護施設を卒園した卒園生の方々から「入所当時を振り返って」という
テーマをもとに，施設で暮らしていたころのことを大人になった今の視点で語っても
らった。現在は自分たちの夢を追って努力を重ねている方や，家庭を築いている方も
いる。語ってもらった内容からは，施設での生活の様子の一端が想像でき，施設を巣
立ってからこれまでの振り返りで思ったことや感じたことも含まれている。

　実際に卒園生の方々から語ってもらった内容を紹介したうえで，児童養護施設の職
員として働く筆者なりに，経験と照らし合わせた解釈（コメント）を加えていきたい。

Ａさん　神奈川県　女性

　仕事を終え，私は久しぶりに一冊のアルバムを手に取りました。今から９年前
の寒い冬の日に私は児童養護施設に入所しました。

　中学一年から高校三年まで，施設で生活しました。アルバムを見ながら，施設
で過ごした日々を振り返り，そして生活から感じたこと，そこから今感じること
を少し記したいと思います。

　一枚目の写真はクリスマス会で出し物をした後の集合写真です。毎年のクリス
マス会は行事の中でも三本の指に入る楽しかった思い出の一つです。いつも一緒
にいる寮の子たちと一つのものを作り上げていきます。どの年の自分を見ても笑
っています。より一層，絆が深まったことを感じられて嬉しかったです。

　アルバムを進めると次に目に止まったのは夏のキャンプの海で撮った写真。な
かなか旅行に行く機会のない施設の生活の中で年に一度全員で旅行に行きます。
海水浴を楽しみ，温泉に入り旅館に泊まります。外へ出掛けられることだけで嬉
しかったです。写真に残っている出来事はどれも施設にいた時の忘れられない思

い出になっています。

　私が生活しやすい環境の大事さに気付けたのは，寮での日常生活があったからこそだと思っています。気の合わない子の接し方が分からなかったり，言葉で言えなかったら悪い態度で表す自分がいたりしました。それに自由がないと感じたり，いつも誰かが近くにいて一人になれる時間がないと思ったりしていました。周りと同じ事ができないとも感じていました。けれど施設を卒園し，大人になって分かったのは，規則正しい生活をすることで元気になれるということです。その正しいリズムを身に付けるのは難しいこと，一人になったら寂しいということ，嬉しいことや嫌なことがあってもすぐに誰かに話ができないということが良く分かりました。社会人になって学んだことは，周りと協調するは大事だけど自分をしっかり持っていないと心が折れてしまうということでした。

　私は卒園後アルバイトをしながら専門学校に通い，卒業後は人生の中で三回だけあるという自分の大切な人達が集まってくれる内の一つである結婚式を創り上げるウエディングプランナーという仕事をしています。施設や社会人として生活していく中で家族というものを知りました。笑顔の素晴らしさを知りました。だから自分の手で人を笑顔にし，結婚式を通して家族や大切な人に普段言えない思いを伝えてもらいたいと思っています。今まで担当した方はまだ四組ですが，新郎新婦の想いを形にした結婚式をプランし，出席される家族や友人やたくさんの方の笑顔をみるために頑張ります。いつか私もお世話になった方々を結婚式に招待して恩返ししようと思っています。

〈コメント〉

　児童養護施設にはさまざまな「行事」がある。施設が主催するものからボランティアや地域の方々が関わっているものまでさまざまなものがある。施設によって取り組み方は異なるが，職員で担当を決めて計画しユニットごとから施設全体の行事まで規模もさまざまである。児童によっては参加に関して半ば強制的な面も感じてしまう子もいるが，思い出の1ページとして残る行事も少なくない。その施設の特色が色濃く出る催しであると感じる。

　施設での集団生活の息苦しさを感じている児童も少なくない。施設の形態もさまざまで，全国的に施設の小規模化の流れがあるなか，中舎制や大舎制の施設も多くある。形態によっても生活スタイルが変わってくるが，けっして広いとはいえない建物のなかで他人どうしが『家族』として生活するむずかしさや児童が他者とのかかわりのなかで抱える葛藤もある。

　生活の場で他者とのかかわりが必然となる施設から卒園すると一転，孤独なひとり暮らしとなる児童もいる。施設には職員や児童にかかわらず，常にだれかがそばにおり，話し声が聞こえる。その環境に煩わしさを感じながらも卒園してからの環境のギャップに耐え切れないという卒園生の声も聞くことが多い。

施設での思い出を胸に辛い環境を乗り越え，みずからの力で生活を築いていく強さを得ることができたのではないかと感じる。

Bさん　埼玉県　男性　28歳

　施設で20年の歳月を過ごした中で，感じたことや考えたことを振り返ります。

　一番に思い出されることは，普段の何気ない会話です。私の過ごした寮舎には24人の子どもたちが生活しており，常に賑わいがありました。テレビやゲーム，食事，運動，好きなことなどの話をたくさんしました。子ども同士や職員との会話の中で情操が育まれたのだと思います。「施設に入所している」と聞くと孤独を感じるものだと考えられがちですが，多くの人と絶えず接している環境ですので明るく賑わいがありました。前向きに生活を送れたのは，そうした側面があったからだと思います。卒園後に寂しい思いをすることもありますが，施設でのたくさんの思い出を忘れずにいたいです。

　また，社会に出て痛感したことは，毎日食事を用意することの難しさです。毎日調理師さんが食事を用意してくれることは，入園当時は「当たり前」のこととして捉えていました。しかし社会に出てから，そのありがたみを感じました。一般家庭によっては有り得ないことであることにも気付きました。食べることは生活の中で欠かせないことであり，私を支えてくれていたことを改めて感じました。

　長い施設での生活の中で嫌な思いをすることもありました。自分より年が上の子に暴力を振るわれることや暴言を吐かれることもありました。傷つき辛い思いをしたことは一生忘れないかもしれません。しかし，痛みを知っている分，人の痛みに寄り添うこともできる存在でありたいと思います。

　施設にいた頃，一番うれしかったことは自分のやりたいことのために，職員の方々が環境を整えてくれたことです。具体的には「教師になる」という夢の実現に向け，私が中学生の時に個人の学習スペースを確保してくれたことです。しっかりと勉強して，テストの点数で結果を残すことから始めました。学習習慣が身についていたわけではありませんが，とにかく毎日机に向かうことを目標にして継続しました。毎日続けていった結果，定期テストの点数が伸び，成績が良くなりました。三年間継続したことで，高校入試にも合格することができました。本当に嬉しかったです。また，大学進学後も様々な支援を受けて無事卒業できたことも，施設の方々の支援のおかげです。この経験は一生忘れません。

　当時は施設に入所していることを後ろめたく思うことが多々ありました。卒園後の今でも不憫なものと捉えてしまうこともあります。しかし，施設での生活で私を支えてくれた職員の方々への感謝の気持ちを胸に過ごしていきます。今は小学校で教鞭をとっています。目の前の子ども達が笑顔で楽しく生活できるように，試行錯誤を繰り返しています。私にしかできないことや私にしか寄り添えないことがあると思うので，真摯に向き合っていきたいと思います。

〈コメント〉

　児童養護施設における集団生活の良いところを挙げるとするのなら，常に賑わいがあることではないかと思う。さまざまな児童や職員が施設におり，毎日多くの刺激を受ける。その刺激に反応し，トラブルは絶えないが，施設に活気があることで寂しい思いをして入所してきた児童も笑顔になるのが早いように感じる。もちろん，働いている職員も児童から元気をもらっている。職場に行くのが憂鬱な時もひとたび児童の輪に入れば不思議と元気が出てくる。そんな経験があるからこの仕事を続けることができているのだろう。

　反対に児童どうしの関係性が複雑で強固なものである点が集団生活のむずかしい点だと思われる。年長児の威圧的・支配的なかかわりに年少児が巻き込まれ，暴力や暴言を受けてしまうことも少なくない。職員の介入があったとしても，根本的な解決には時間がかかる。なかには，職員よりも年少児に対して影響力をもっている児童がいるのも事実である。児童の結びつきも強いため，職員の知らないところで起こっている問題もあるのではないかと思われる。

　「夢をもつことができるのは，今の暮らしに満足しているからだ」という言葉をだれかが言っていたのを思い出す。自分が関わっている児童に夢をもってもらうむずかしさを今も感じている。そのなかで，夢に向かって努力し，成し遂げているBさんとそれを支えた施設職員の方々にただただ感心するばかりである。

Cさん　群馬県　女性

　私は，2歳から高校卒業まで児童養護施設で生活していました。

　当時は正直楽しいと思うことはあまり無く，辛い・嫌だと思うことの方が多かったです。

　2歳で入所したため気づいたら施設にいたという感じで，何の疑問もなく生活していましたが，学年があがるにつれ，学校の友達と比べて少しずつ違いを感じるようになり，同じような生活が送れないことや，自分は何もしていなくても誰かのルール違反で生活に制限が増えることを不満に思うようになりました。学校でも施設でも常に集団生活だったので，次第に自分は1人の人間ではなく，あくまでたくさんの生徒・児童のうちの1人として，何分の一・何十分の一の存在でしかないと感じるようになり，些細なことでも苛立ちや寂しさ，辛さを感じるようになりました。また，子供の力では努力しても環境を変えられないこと，仕方のないことだと頭では理解していても辛いと思う気持ちを誰にも話せなかったことは本当にしんどかったです。

　そんな中で，家族の様に一緒に生活をしながら何気ない話をして笑ったり，普段人には話しにくい家庭環境や家族のことも話しあったりして，気のおけない友達以上の存在ができたこと，普通の家庭環境で育っていたら決して分からない生

活や思いを経験できたことは私にとって大きな財産になったと思います。

　高校卒業後は就職をし，１人暮らしをしながら生活していましたが，自分で収入を得て自由に生活をすることをずっと望んでいたので，あまり不安はありませんでした。それでも入所当時からずっと抱えていたストレスが解消できないままだったこともあり，摂食障害になるなど体調を崩して投薬やカウンセリング等の治療を続けていましたが，現在は回復し，治療も終えて会社員として働いています。

　当時の仲間たちは今も私にとって大切な存在で，それぞれ仕事や家庭があるため最近はなかなか会えなかったりしますが，連絡を取り合って付き合いが続いています。

〈コメント〉

　施設で生活していた時の気持ちをありのままに語っていただいた内容である。筆者が働いている施設でもいくつかのルールがあり，そのルールにそって児童は生活をしている。「一緒に暮らすみんなが気持ちよく生活するため」と思い込み，児童にそのルールを押しつけていたこともあった。生活のルール自体が悪いわけではなく，寮で暮らす児童それぞれと一緒に考えて守っていく「約束」がたいせつだったのだとこのごろ気づくことができた。自分も児童に寂しい思いや辛い思いをさせていたのだなと改めて反省している。

　施設によってはアフターケアの一環として同窓会等を開催し，来園した卒園生から近況を聞いたり，なかなか園に顔を出せない卒園生の様子を人伝てに聞いたりもする。

　そこでの話を聞いていると，児童たちは施設を出た後もつながりをもち続け，お互いに助け合ったり迷惑を掛け合ったりしながら生活している様子が伝わってくる。その関係性は上記の内容にもあった友だち以上ともとらえられるなんとも不思議な関係性に感じられる。卒園してしまうと職員との関係はどうしても希薄になってしまうが，児童どうしの関係性は強く残る。その関係性を施設で得た「財産」の１つと表現していることに共感できる。

Dさん　東京都　女性

　15年間の施設生活を振り返りました。幼少期は身体が小さいと自覚していましたし，熱を出すたびに泣き叫び心身共に弱い子だったと聞きました。大舎制の中で集団生活のルールや上下関係を自分なりに上の学年から学んでいきました。青年期は自分という存在を意識し始め，施設で用意される同一の食事や日用品から管理されていることを不快に感じる日々でした。

　施設内のクラス変更により新しい職員に対し反抗心を抱いていたある時，「卵焼き何味がいい？」と聞かれ，自分に目を向けてくれたと嬉しく思った瞬間を覚えています。職員に対して「親でもないくせに」「お金をもらって叱っている」

と無性に腹だたしい時期の心を静めてくれたのが行事だったと思います。

　私の施設では“歩く”事が多く，湖一周や山登り，五島列島，四国横断と規模も大きくなっていき「なぜ歩かなければならないのか？」という疑問に対して，職員は「成長の為」「いつか分かる」の一点張りでした。大人の自己満足だと怒りを感じました。そんな中，歩いている際は自分と向き合う時間も多く，自分自身との戦いでした。合間合間に地域の人とのかかわりを通して，人の優しさに一喜一憂し，自分の得意，不得意を知り自分なりに知らず知らずのうちに乗り越える方法を学んでいったのだと思います。

　施設大舎制だからこそ，１人でない環境の中で皆と一緒に味わった達成感は後になってとても大きな影響があったと言えます。

　最も辛かった事は社会に出てからでした。「自分は必要とされているのか？」「一人でどうにかしなくては」と気張ってはいたけれど環境の変化に経済的にも精神的にも孤独を感じました。

　良かったと思えた事は，施設での共同生活で様々な価値観があり「自分も大切に」「相手も大切」と相手の立場に立って物事を考える状況が私なりに仕事を続ける中で役に立っていると感じ，施設での生活でどれだけ守られていたかを痛感させられました。

　職員の人の関わり方や仕事に対する姿勢が園を巣立っていく時，いずれ親となる時に影響し，自立支援につながっていたのだと感じました。子育てに悩んだ時，施設創設者の理念を目にしました。「愛するだけでは足りない，子供達が愛されていると感じるまで愛しなさい」とありました。私はこういう想いで育ったのだと涙が止まりませんでした。血のつながりはないけれど，だから幸せを感じる事が出来たのだと気がつきました。

　一般的に施設の子は特別な子，苦労した子と同情され，良い思いをしなかった事も確か，それでも大切な時期に生活を共にした人達によって今の自分があり，施設での生活は私の財産であるのだと誇りを持っています。

　施設で働こうと考えている方，子供達の人間らしさに無関心ではなく，関心を持ち，心に目を向けた関わりをして職務にあたって欲しいと心から願います。

　卒園後，事務職で３年勤め結婚，出産，病気療養を経て，介護福祉士，准看護師の資格取得し，現在３人の子育て奮闘中です。

〈コメント〉

　近年，児童養護の養育の基本は「集団」ではなく「個」として児童と関わる「個別化」の考え方が主として広まってきた。あたりまえのことのように思えるが，養育の場ではこの実践がなかなかむずかしい。職員個々の意識はもちろんだが，建物の構造や古くからある施設の制度（文化）の課題が障害となっていることもあるため，組織的な取り組みが必要となってくる。「集団」から「個」という見方に変わるなかで，

管理的なかかわりから共生的なかかわりへ変わっていく感覚を筆者自身も実践のなかで感じている。

　また，職員と児童が生活のなかでお互いの主張をぶつけ合う場面もよくある。社会人の職員といえども未熟な面もあり，時には児童の主張のほうが的を得ていると感じる時もある。反抗心も児童が大人になるにあたってのたいせつな感情であると理解している。児童が職員に反抗している姿を見ていると，「はたしてその反抗の矛先はその職員に向けられているものなのかな」と思うことがある。児童の施設の生活のなかで消化しきれないもどかしさや本来保護者に向けられるべき思いが職員への反抗となって表れているのではないかと感じる時がある。その感情を職員に受け止めてもらった経験が，児童の人格形成のうえで大きな意味をもつのだとDさんと施設の職員の方々とのかかわりのなかから改めて感じた。

Eさん　埼玉県　女性　24歳

　児童養護施設で過ごした10年間の思い出は，卒園して6年たった今でも私の中で鮮やかに光り輝いています。

　一時保護所を経てから施設に入所した私でしたが，ある程度の集団行動にはもう慣れているつもりでした。しかし，初めて施設の仲間たちと会った時の衝撃は今でも忘れられません。自己紹介するために案内された部屋は大きな食堂でした。そしてびっくりするほどたくさんの子どもたち。当時小学二年生の自分よりはるかに年齢が下の子から，上はもう大人にしか見えない高校生の子まで，数えきれないほどの大人数に囲まれ，緊張しすぎてまともな自己紹介ができなかったのをはっきりと覚えています。

　私が育った施設は，たくさんの決まり事やルールがありました。毎月行われる月一回の「家族会議」。月の目標を決め，皆で反省会をし，小さい頃からルールや決まり事を守る大切さを身につけていきました。

　楽しい行事や習い事もたくさんさせてくれました。夏には3泊4日のキャンプ，冬にはみんなで出し物を披露しあうクリスマス会，春は別れを惜しむ卒園生を送る会。どの行事も子ども達だけでなく，施設の先生方も皆で一緒に，全力で楽しんでいました。

　私個人としては，小学三年生の頃から日本舞踊と生け花の習い事をさせてもらっていました。一般家庭では簡単にできないことだと思います。こんな貴重な経験をさせてもらえて，とても充実しすぎるほど濃い日々を過ごしていきました。

　そして今の私は，自分の人生で新たなステップアップとして，自分のやりたいことをみつけ転職活動をし，無事にその願いを叶えることができました。社会人になってたくさんの壁にぶつかりました。でもその度に乗り越えることができる強さを持てたのは，間違いなく，園長先生をはじめとする，施設の先生方のおかげです。私のためにたくさん叱ってくれて，それ以上に褒めてくれて，一緒に笑

ったり泣いたりしてくれました。まだまだ立派な大人とはいえない私かもしれないけれど，それでも，私という人間の半分以上は，一緒に暮らしてきた仲間たち，見守ってくれた先生たちからの「愛」で成長できたと思っています。

　私たちにとって，育ったこの施設は本当にかけがえのないもので，いろんな「愛の形」をもらい，そして教えてくれた場所です。この先もずっとずっとこんな素敵な場所で育ったことを誇りに，感謝を胸に力強く生き続けていきます。これが，私のできる最大の親孝行だと思って・・・。

〈コメント〉

　児童との会話のなかでしばしば入所してきた日の話になることがある。Eさんの言葉にもあったが，物心がついてから入所してきた児童は入所した日のことを鮮明に覚えている子が多い。今までの生活環境から一変した場所にやってくることは強烈な印象として思い出に刻まれる。

　入所してきた児童の受難はここからまた始まる。周囲にはまったく知らない児童や大人がいるなかで，新しく人間関係を築いていかなければならず，さらには登校する学校や保育所でも同様に人間関係を築いていかなければならない。自分自身の過去や性格を知って理解してくれている人は周囲にはほとんどいない状況のなかで生活の基盤を築いていくことは相当な苦労をしているはずである。筆者自身はその状況を想像することしかできないが，周囲の状況になじむまでの児童たち自身の悩みや不安も相当なもので，その不安を吐き出せる場所も少なかったのではないかと考えると胸が痛む。

　Eさんが充実しすぎるほど濃い日々を過ごしてきたと表現する背景には，施設での生活の苦悩と不安をEさん自身の努力と周囲の方々でともに乗り越えてきた体験が，施設への感謝という形で表現されたものなのだと読み取ることができるのではないだろうか。

おわりに

　近年，虐待のニュースや新聞報道で児童養護への関心は高まってきているが，保護された児童たちが施設に入所したその後，実際にどのような生活をしているのかまではあまり世間に知られていないように感じる。また，どのような思いを抱いて施設で生活しているのか，普段一緒に生活している施設職員でさえ，想像でしか語れないこともある。

　児童養護のあり方も変わりつつあるなか，一番の当事者である施設に入所している児童たちや卒園生の声を聞くことがこれからの児童養護を考えていく指針の1つとなるのではないだろうか。

施設職員として思うこと

　卒園生の方々の語りをまとめていく過程で，自分自身が施設職員として児童と関わってきた期間を振り返る機会となった。そのなかで改めて「施設とは，施設職員とはなんなのだろうか」といった素朴な疑問が浮かんでくる。施設とは，児童にとって家庭に代わる場所であり，親や友人から切り離され傷ついた心を癒す場所である。また，施設職員とは時に親や兄姉の代わりとして児童に接し，家庭復帰や自立を支援していく存在である。自分を含め，多くの方々がこのようなイメージを抱いているのではないかと思う。

　しかし，もう少し掘り下げて考えてみると家庭に代わるはずの施設には，大抵の家庭では考えられないほど大人数の児童と大人が生活しており，その関係性のなかで頻繁に何かしらのトラブルが勃発している。はたして本当に傷ついた心を癒す場所になり得るのだろうか。

　そして，施設職員も親や兄姉代わりとして人間性が求められると同時に児童福祉についての専門性も求められ，さらには家事や料理などの生活力も必要となってくる。今振り返ると，新任職員として入職した自分は人間性も未熟で専門性の知識も乏しく，生活力もたいしてあったわけではない。そんな自分が児童たちの人生のたいせつな時期にかかわり，未熟であるがゆえに時には児童たちの心を傷つけてしまったこともあったのではないかと思う。施設に入所してくる児童の抱える課題に対応できる人間性と専門性と生活力を兼ねそろえたスペシャリストが何人いるのだろうかとも思ってしまう。

　このように，掘り下げて考えてしまうと児童養護のあり方についての疑問は尽きなくなってしまう。自分の視野の狭さがそのような考えになってしまっていたのだが，卒園生の方々の語りを読み解いていくうちに気づいたことがいくつかあった。

　施設にはそれぞれ独自の文化や伝統などがあり施設の特色が色濃く出ている。良くも悪くもその施設のルールや日課も存在し，そのルールが児童たちを悩ませている現状があるのだが，大人が決めたルールに対する反発が自立への一歩としてとらえることもできるのではないかと感じる。施設特有の行事も存在し，年長児になるにつれそれらの行事が同様に億劫になってくる子もいる。だんだんと出席率が悪くなってくるが，行事のいくつかはたしかに児童の心に残り，たいせつな思い出として社会に出てからも生き続けている。

　施設は児童にとって兄弟とも親ともいえない他人どうしが生活する場ではあるが，そこで人間関係を築き，思い出をつくり，それを財産ととらえている。一般家庭とは少しイメージが違うのかもしれないが，児童にとって意義のあるたいせつな場として施設があるのだと改めて感じた。

　また，施設職員に対して児童たちが抱く思いはさまざまなものがあるが，その一つひとつのかかわりがしっかりと根づいているのだと知ることができたことに救いを感じる。何気ない会話が児童の心に残り，それらが児童の人間性を作り上げていく要素

の1つになるのだと思うと自分自身の日々の行いや言葉を振り返ってみる必要がある。筆者自身も児童との日々のかかわりで笑ったり泣いたり，時には意見をぶつけ合ったりするなかで元気をもらい，人間的にも成長させてもらったと感じるところが多々ある。施設で出会えた児童たちとの関係は自分にとっての財産であると胸を張って言える。そしてそれは，児童が施設を巣立った後も変わることなく残る。

　職員1人がすべてをこなすスペシャリストになるのはむずかしいが，職員がお互いの足りないところを補い，チームとして子どもたちの支援をしていけることも施設の良いところなのだと思う。子どもたちのことで，職員どうしであれこれと議論をする時間が自分は好きだ。職員自身も育ってきた環境が違うため，時には意見の相違がある。それでも子どもたちの成長・発達にとってより良い方向性を考えていくという志はみな同じである。

　最後に，『入所当時を振り返って』という題材をまとめるうえでご協力いただいた卒園生やそれぞれの施設の方々に改めて感謝をお伝えたい。自分が関わってきた卒園生の方々と施設の思い出話をすることはよくあったが，入所していた当時にどのような想いをもっていたのか，また辛い思いも含めてどのように感じていたのかと聴く機会はほとんどなかった。ご協力いただいた卒園生の方々からいただいた語りのなかにはそれらの内容が赤裸々に記されており，職員としての自分自身を振り返る機会になったとともに，施設のあり方についても改めて考えることができた。同時に，今現在児童とのかかわりに悩んでいる若手の職員にとっても救いとなる内容なのではないかとも思う。

　児童養護施設で働く職員，またはこれから働きたいと志を高くもつ方々が児童たちの想いに触れ，その気持ちに寄り添うことができる機会が増えればと願う。

引用（参考）文献

■1章

愛育研究所（編）　2019　日本子ども資料年鑑2019　中央出版
厚生労働省　2015　児童養護施設入所児童等調査結果（平成25年2月1日現在）
　　https://www.mhlw.go.jp/file/04-Houdouhappyou-11905000-Koyoukintoujidoukateikyoku-Kateifukushika/0000071184.
　　pdf（2019年12月1日閲覧）
厚生労働省　2017　新しい社会的養育ビジョン
　　https://www.mhlw.go.jp/file/04-Houdouhappyou-11905000-Koyoukintoujidoukateikyoku-Kateifukushika/0000173865.
　　pdf（2019年12月1日閲覧）
厚生労働省　2019a　平成30年度児童相談所での児童虐待相談対応件数〈速報値〉
　　https://www.mhlw.go.jp/content/11901000/000533886.pdf（2019年12月1日閲覧）
厚生労働省　2019b　社会的養育の推進に向けて　https://www.mhlw.go.jp/content/000474624.pdf（2019年12月1
　　日　閲覧）
厚生労働省　2019c　体罰等によらない子育ての推進に関する検討会
全国保育士養成協議会（監修）　2018　ひと目で分かる保育者のための児童家庭福祉データブック2019　中央法規

■2章

林信明　1999　フランス社会事業史研究　ミネルヴァ書房
一番ヶ瀬康子・高島進（編）　1981　社会福祉の歴史　講座社会福祉　2巻　有斐閣
飯田進・大嶋恭二・小坂和夫・豊福義彦・宮本和武（編）　2001　養護内容総論　改訂版　ミネルヴァ書房
池田敬正　1986　日本社会福祉史　法律文化社
池田敬正　1994　日本における社会福祉のあゆみ　法律文化社
加藤友康・瀬野精一郎他（編）　2001　日本史総合年表　吉川弘文館
厚生労働省　2011　社会的養護の課題と将来像　児童福祉施設等の社会的養護の課題に関する検討委員会・社会
　　保障審議会児童部会社会的養護専門委員会
厚生労働省　2015　児童養護施設入所児童等調査の結果（平成25年2月1日現在）
厚生労働省　2017　新しい社会的養育ビジョン　新たな社会的養育の在り方に関する検討会
厚生労働省　2019　平成30年度の児童相談所での児童虐待相談対応件数（速報値）
厚生労働省雇用均等・児童家庭局家庭福祉課（仮訳）　2009　国連総会採択決議 児童の代替的養護に関する指針
中島賢介　2010　子どもの代替的養護に関する研究—グローバルスタンダードの視点から—　北陸学院大学・北
　　陸学院大学短期大学部紀要第3号
宍戸健夫・丹野喜久子（編）　1999　写真・絵画集成　日本の福祉2　自立への道　日本図書センター
鈴木政次郎　1988　養護原理　学術図書出版社
筒井孝子　2011　日本の社会的養護施設入所児童における被虐待経験の実態　厚生の指標, **58**(15), 26-33.
吉田久一　1994　日本の社会福祉思想　頸草書房
全国社会福祉協議会　2008　月刊福祉　1月号

■3章

浅倉恵一・峰島厚（編著）　2000　子どもの福祉と施設養護　ミネルヴァ書房
加藤孝正（編著）　2001　新しい養護原理　ミネルヴァ書房
厚生労働省　2011　児童養護施設等及び里親等の措置延長等について
　　https://www.mhlw.go.jp/bunya/kodomo/pdf/tuuchi-13.pdf（2020年5月7日閲覧）
ソーシャルワーク研究所（編）　1995　ソーシャルワーク研究, **21**(2), 相川書房
吉澤英子・小舘静枝（編著）　2001　養護原理　ミネルヴァ書房

■4章

石井寿・杉村四郎・日高均・幕田秀夫　1996　養護原理　文憲堂
川村匡由（編著）　2009　福祉の仕事ガイドブック　中央法規出版
厚生労働省　2014　社会的養護の現状について（参考資料）
　　https://www.mhlw.go.jp/bunya/kodomo/syakaiteki_yougo/dl/yougo_genjou_01.pdf（2019年12月26日閲覧）

厚生労働省　2020　平成30年 社会福祉施設等調査の概況
　　https://www.mhlw.go.jp/toukei/saikin/hw/fukushi/18/dl/gaikyo.pdf (2020年5月7日閲覧)
厚生省社会・援護局・児童家庭局（監修）　1994　改訂社会福祉用語辞典　中央法規出版
厚生労働省社会・援護局障害保健福祉部　2012　児童福祉法の一部改正の概要について
　　https://www.mhlw.go.jp/bunya/shougaihoken/jiritsushien/dl/setdumeikai_0113_04.pdf (2019年12月26日閲覧)
ミネルヴァ書房編集部（編）　2013　社会福祉小六法〔平成25年版〕　ミネルヴァ書房
櫻井奈津子（編）　2012　保育と児童家庭福祉　みらい
資格試験研究会（編）　2002　福祉の仕事オールガイド　実務教育出版
田中未来・井上肇・待井和江・松下峰雄・三神敬子（編）　1992　子どもの教育と福祉の事典　建帛社
瓜巣憲三・田代不二男・藤本昇・及川一美・朝倉陸夫　1990　養護原理　東京書籍
山懸文治・柏女霊峰（編）　2013　社会福祉用語辞典　第9版　ミネルヴァ書房
吉田眞理　2012　児童の福祉を支える児童家庭福祉　萌文書林

●Column 4
厚生労働省子ども家庭局　2019　養育の推進に向けて（平成31年4月）
厚生労働省子ども家庭局　2020　児童養護施設入所児童等調査の概要（平成30年2月1日現在）

■5章
浅倉恵一・峰島厚（編）　2010　新・子どもの福祉と施設養護　ミネルヴァ書房
堀場純矢（編）　2017　社会的養護（みらい×子どもの福祉ブックス）　みらい
児童自立支援計画研究会（編）　2005　子ども・家族への支援計画を立てるために―子ども自立支援計画ガイドラ
　　イン―　日本児童福祉協会　p.511.
厚生労働省雇用均等・児童家庭局　2012　児童自立支援施設運営指針
厚生労働省雇用均等・児童家庭局　2012　児童養護施設運営指針
厚生労働省雇用均等・児童家庭局　2012　乳児院運営指針
厚生労働省雇用均等・児童家庭局　2012　情緒障害児短期治療施設運営ハンドブック
厚生労働省　2017　新しい社会的養育ビジョン
　　https://www.mhlw.go.jp/file/04-Houdouhappyou-11905000-Koyoukintoujidoukateikyoku-Kateifukushika/
　　0000173865.pdf (2019年12月1日閲覧)
厚生労働省社会・援護局　2017　児童発達支援ガイドライン
新保育士養成講座編纂委員会（編）　2018　社会的養護（新保育士養成講座第5巻改訂3版）　全国社会福祉協議会
柳沢孝主　2014　施設での養護の支援内容　櫻井慶一（編）　社会的養護〔新版〕（新保育ライブラリー 保
　　育・福祉を知る）北大路書房　pp.74-77.
全国乳児福祉協議会　2019a　平成29年度全国乳児院入所状況実態調査・充足状況調査報告書　平成31年3月
全国乳児福祉協議会　2019b　「乳幼児総合支援センター」をめざして　乳児院の今後のあり方検討委員会報告書

■6章
堀場純矢（編）　2013　子どもの社会的養護内容―子ども・職員集団づくりの理論と実践―　福村出版
伊藤嘉余子　2007　児童養護施設におけるレジデンシャルワーク―施設職員の職場環境とストレス―　明石書店
児童自立支援対策研究会　2005　子ども・家族の自立を支援するために―子ども自立支援ハンドブック―　日本
　　児童福祉協会
厚生労働省　2015　児童養護施設入所児童等調査結果（平成25年2月1日現在）
　　https://www.mhlw.go.jp/file/04-Houdouhappyou-11905000-Koyoukintoujidoukateikyoku-Kateifukushika/0000071184.
　　pdf (2019年12月1日閲覧)
厚生労働省　2017　新しい社会的養育ビジョン
　　https://www.mhlw.go.jp/file/04-Houdouhappyou-11905000-Koyoukintoujidoukateikyoku-Kateifukushika/0000173865.
　　pdf (2019年12月1日閲覧)
岡本民夫（監修）　2016　ソーシャルワークの理論と実践―その循環的発展を目指して―　中央法規出版
櫻井慶一　2016　児童・家庭福祉の基礎とソーシャルワーク　学文社
全国児童養護問題研究会編　2017　日本の児童養護と養問研半世紀の歩み―未来の夢語れば―　福村出版

■7章

相澤仁・林浩康編　2019　社会的養護Ⅰ（新・基本保育シリーズ⑥）　中央法規出版
児童育成協会　2020　児童保護措置費・保育給付費手帳　令和元年度版　中央法規出版
厚生労働省　2011　児童福祉施設最低基準及び児童福祉法施行規則の一部を改正する省令等施行について
　　https://www.mhlw.go.jp/bunya/kodomo/pdf/tuuchi-11.pdf（2020年5月7日閲覧）
厚生労働省　2017　新しい社会的養育ビジョン
　　https://www.mhlw.go.jp/file/04-Houdouhappyou-11905000-Koyoukintoujidoukateikyoku-Kateifukushika/0000173865.
　　pdf（2019年12月1日閲覧）
厚生労働省　2019a　児童福祉法による児童入所施設措置費等国庫負担について
　　https://www.mhlw.go.jp/file/06-Seisakujouhou-11900000-Koyoukintoujidoukateikyoku/0000159769.pdf（2019年
　　12月1日閲覧）
厚生労働省　2019b　社会的養育の推進に向けて
　　https://www.mhlw.go.jp/content/000474624.pdf（2019年12月1日閲覧）
櫻井慶一　2016　児童・家庭福祉の基礎とソーシャルワーク　学文社
谷口純世・加藤洋子・志濃原亜美編　2019　社会的養護Ⅰ・Ⅱ（乳幼児教育・保育シリーズ）　光生館

■8章

福祉新聞編集部　2017　児童養護施設に驚きと衝撃　厚労省の「新ビジョン」を協議会長が批判（2017年10月23
　　日　福祉新聞）
神奈川県教育委員会　2011　スクールソーシャルワーカー活用ガイドライン―スクールソーシャルワークの視点
　　に立った支援の構築に向けて―
　　https://www.pref.kanagawa.jp/documents/10508/katuyougaidorain.pdf（2020年3月31日閲覧）
厚生労働省新たな社会的養育の在り方に関する検討会　2017　新しい社会的養育ビジョン
　　https://www.mhlw.go.jp/file/05-Shingikai-11901000-Koyoukintoujidoukateikyoku-Soumuka/0000173888.pdf
　　（2020年3月31日閲覧）
厚生労働省雇用均等・児童家庭局　2014a　ファミリーホームの設置運営の促進ワーキンググループ　ファミリー
　　ホームの設置を進めるために
　　https://www.mhlw.go.jp/file/06-Seisakujouhou-11900000-Koyoukintoujidoukateikyoku/0000074598.pdf（2020年
　　3月31日閲覧）
厚生労働省雇用均等・児童家庭局　2014b　児童養護施設運営ハンドブック
　　https://www.mhlw.go.jp/seisakunitsuite/bunya/kodomo/kodomo_kosodate/syakaiteki_yougo/dl/yougo_
　　book_2.pdf（2020年3月31日閲覧）
厚生労働省雇用均等・児童家庭局　2017　里親支援事業の実施について
　　https://www.mhlw.go.jp/file/06-Seisakujouhou-11900000-Koyoukintoujidoukateikyoku/0000167407.pdf（2020年
　　3月31日閲覧）
厚生労働省社会保障審議会　2011　社会的養護の課題と将来像
　　https://www.mhlw.go.jp/bunya/kodomo/syakaiteki_yougo/dl/08.pdf（2020年3月31日閲覧）
文部科学省　2015　学校における教育相談に関する資料
　　http://www.mext.go.jp/b_menu/shingi/chousa/shotou/120/gijiroku/__icsFiles/afieldfile/2016/02/12/
　　1366025_07_1.pdf（2017年2月2日閲覧）
村松健司・保坂亨　2016　児童養護施設―学校連携の現状と課題―　千葉大学教育学部研究紀要　第64巻
小川正人　2016　児童の貧困対策と「チーム学校」構想をめぐって―教育行政学の立場から―　スクールソーシャ
　　ルワーク評価支援研究所（編）　すべての児童たちを包括する支援システム　せせらぎ出版　Pp.18-37.
岡村重夫　1963　社会福祉学（各論）　柴田書店
吉田幸恵　2018　社会的養護の歴史的変遷―制度・政策・展望―　ミネルヴァ書房
全国児童養護問題研究会　2017　「新しい社会的養育ビジョン」に対する意見―児童たちと支援者の現実から出発
　　した「児童が主人公」「個と集団の育ちあい」の観点にたつ制度改革を求めます―
　　http://youmonken.org/vision.pdf（2020年3月31日閲覧）
全国児童養護施設協議会　2006　児童養護施設における子どもたちの自立支援の充実に向けて―平成17年度児童
　　養護施設入所児童の進路に関する調査報告書―

全国児童養護施設協議会　2018　季刊児童養護，49（3）.
全国児童養護施設協議会制度検討特別委員会　1995　児童養護施設の近未来像報告書　全国児童養護施設協議会
全国児童養護施設協議会制度検討特別委員会小委員会　2001　児童養護施設の近未来像Ⅱの論点（資料）　41-49.
全国里親委託等推進委員会　2013　里親・ファミリーホーム養育指針ハンドブック
　　http://www.zensato.or.jp/home/wp-content/uploads/2017/03/yoiku_handbook2013.pdf（2020年3月31日閲覧）

索　引

執筆者一覧

■**編集委員**——民秋　言（白梅学園大学名誉教授）
　　　　　　　小田　豊（聖徳大学）
　　　　　　　杤尾　勲
　　　　　　　無藤　隆（白梅学園大学名誉教授）
　　　　　　　矢藤誠慈郎（和洋女子大学）
■**編　　者**——宮﨑　正宇・大月　和彦・櫻井　慶一

【**執筆者**】(執筆順)

櫻井　慶一（編者）	第1章，Column 1
横山　豊治（新潟医療福祉大学）	第2章，Column 2
塩野　敬祐（淑徳大学短期大学部）	第3章，Column 3
宮島　直丈（道灌山学園保育福祉専門学校）	第4章，Column 4
吉田祐一郎（四天王寺大学）	第5章，Column 5
宮﨑　正宇（編者）	第6章，第7章2節，Column 6
大月　和彦（編者）	第7章1節
大崎　広行（武蔵野大学）	第8章，Column 8
小林　倫大（社会福祉法人雀幸園）	付章
新木　弘子（元社会福祉法人雀幸園）	Column 7

編者紹介

宮﨑正宇（みやざき・せいう）
　　　2019年　高知県立大学大学院人間生活学研究科人間生活学専攻博士後期課
　　　　　　　程修了　博士（社会福祉学）
　　　現　在　聖カタリナ大学短期大学部保育学科　助教
〈主著・論文〉福祉施設・学校現場が拓く児童家庭ソーシャルワーク―子どもと
　　　　　　　その家族を支援するすべての人に―（編著）　北大路書房
　　　　　　　2017年
　　　　　　　児童養護施設におけるレジデンシャル・ソーシャルワークに関す
　　　　　　　る文献レビュー　高知県立大学紀要（社会福祉学部編）第66巻
　　　　　　　2017年
　　　　　　　児童養護施設におけるレジデンシャル・ソーシャルワーク―自立
　　　　　　　支援職員の業務内容との関連において―　生活科学研究第41集
　　　　　　　2019年
　　　　　　　児童養護施設におけるレジデンシャル・ソーシャルワーク―職業
　　　　　　　指導員の支援内容と関連して―　生活科学研究第42集　2020年

大月和彦（おおつき・かずひこ）
　　　1990年　東北福祉大学大学院社会福祉学研究科社会福祉学専攻（社会福祉
　　　　　　　学修士）
　　　現　在　文教大学教育学部准教授
〈主　著〉家族援助の基礎と実際（共著）　文化書房博文社　2007年
　　　　　社会福祉入門（共著）　ヘルス・システム研究所　2007年
　　　　　社会福祉をはじめて学ぶあなたへ（共著）　ヘルス・システム研究所
　　　　　2008年
　　　　　社会福祉概論（共著）　ミネルヴァ書房　2012年
　　　　　現代の保育と社会的養護（共著）　学文社　2017年

櫻井慶一（さくらい・けいいち）
　　　1975年　早稲田大学大学院文学研究科教育学専攻修士課程修了（文学修士）
　　　1977年　日本社会事業学校社会福祉専修科修了
　　　現　在　文教大学名誉教授
〈主　著〉子どもと福祉臨床（編著）　北大路書房　1996年
　　　　　現代のエスプリ別冊　ベビーホテル（編著）　至文堂　2001年
　　　　　夜間保育と子どもたち―30年のあゆみ―（編著）　北大路書房　2014年

新 保育ライブラリ　保育・福祉を知る

社会的養護Ⅰ

2020年8月15日　初版第1刷印刷	定価はカバーに表示
2020年8月20日　初版第1刷発行	してあります。

編 著 者	宮　﨑　正　宇	
	大　月　和　彦	
	櫻　井　慶　一	
発 行 所	㈱北大路書房	

〒603-8303　京都市北区紫野十二坊町12-8
電　話　(075) 4 3 1 - 0 3 6 1 ㈹
ＦＡＸ　(075) 4 3 1 - 9 3 9 3
振　替　0 1 0 5 0 - 4 - 2 0 8 3

ⒸC2020　　　　　　　　　印刷・製本／亜細亜印刷㈱
検印省略　落丁・乱丁本はお取り替えいたします。

ISBN978-4-7628-3116-4　　Printed in Japan

新 保育ライブラリ

子どもを知る／保育の内容・方法を知る／保育・福祉を知る／保育の現場を知る

■編集委員■　民秋　言・小田　豊・栃尾　勲・無藤　隆・矢藤誠慈郎
A5 判・160 〜 220 頁・本体価格 1800 〜 2000 円

平成 29 年告示「幼稚園教育要領」「保育所保育指針」「幼保連携型認定こども園教育・保育要領」対応

保育・福祉を知る
子ども家庭福祉

植木信一　編著
A5 判・196 頁・本体価格 1800 円

子どもや家庭の福祉に関する動向を踏まえ，最新の情報を提供。保育者養成への活用はもとより保育者として活躍されている方にも。

保育・福祉を知る
保育者論 [第 3 版]

福元真由美・笠間浩幸・柏原栄子　編著
A5 判・200 頁・本体価格 1800 円

子どもの幸せと成長に資するための保育者としてのあり方や，時代と共に変わる保育の実態にも機敏に対応できる専門性を考える。

保育の現場を知る
保育所実習 [新版]

民秋　言・安藤和彦・米谷光弘・中西利恵・大森弘子　編著
A5 判・160 頁・本体価格 1800 円

認定こども園，SNS の扱い方，保小連携等の項目を追加。指導案例や確認のポイントなどを新規に収録。内容が一層充実した改訂版。

保育の現場を知る
幼稚園実習 [新版]

民秋　言・安藤和彦・米谷光弘・上月素子・大森弘子　編著
A5 判・176 頁・本体価格 1800 円

認定こども園，子育て支援，幼小連携，障がいをもつ子どもとの関わり等を追加。Q&A で学生の疑問を解決する好評書の改訂版。

子どもを知る
子どもの食と栄養 [新版]

二見大介・齋藤麗子　編著
A5 判・212 頁・本体価格 1800 円

2020 年版食事摂取基準や 2019 年改訂版授乳・離乳の支援ガイドにも対応。子どもの食と栄養の体系的理解と実践化に向けて。

保育・福祉を知る
社会的養護 I

宮﨑正宇・大月和彦・櫻井慶一　編著
A5 判・176 頁・本体価格 1800 円

改正児童福祉法や新しい社会的養育ビジョンの公表等を受け，最新の情報を加筆。施設での多様な事例も紹介。